업장소멸

③ 악령의 세계편

中岡俊哉 著
安 東 民 編著

瑞音出版社

4차원 세계의 공포

악령의 세계

10

악령이 타고 다니던 중고차

마의 자동차는 지금도 달리고 있는가?

'모르는게 약'이라는 속담은 참으로 복잡한 뉘앙스를 띄고 있다. 모른다면 화가 나지 않는다는 의미로도 사용되는가 하면 상대를 깔볼 때에도 사용된다.

액운 따위로 섣불리 걱정하게 되면, 걱정하는 신경이 정상의 판단을 흐리게 만들어 오히려 마이너스가 되어 결과로써 '액운이 끼어…' 라는 케이스가 있을지도 모른다.

그러므로 만일 당신이 타고 있는 자동차에 악령이 붙어 있을지도 모른다 해도 그런 것을 조금도 생각지 않는 사람은 아무런 일이 없을지 모른다. 그러나 어쩌면 내 자동차에 악령이 붙은 것이 아닐까 생각하며 운전한다면 역시 위험율은 높아질지도 모른다.

왜냐하면 지금이라도 거리의 어딘가에서 누군지 이제부터 이야기하는 자동차에 타고 있을 가능성이 있기 때문이다.

그 자동차의 최초 소유자를 지금은 모른다.

하지만 한번은 야스이 · 카오리라는 24세의 여성이 타고 있었던 것이다.

카오리는 영문 타이피스트로서 도쿄 마루노우찌에 있는 외국인 회사에 근무했었다. 외국 자본의 회사는 근무 햇수며 학력에는 별로 구애되지 않고 능력주의므로 배테랑이던 카오리는 여자로서 상당히 높은 보수를 받았었다.

더욱이 그녀는 부모와 함께 살았는데 봉급의 대부분을 자기의 뜻대로 쓸 수 있는 부러울 데 없는 환경이었다.

23세까지는 적당히 저금하고 나머지는 여행 등에 사용하고 있었다. 결혼하면 그렇게 자유롭게 여행할 수 없다고 생각했기 때문이다.

하지만 얼마 전부터 사고 방식이 바뀌었다.

"이제부터의 여성은 운전쯤은 할 줄 알아야지…"

남자친구 하나와 스낵바에서 함께 술을 마시고 있을 때, 결혼 상대로서 어떤 사람이 이상적인가에 대해 이와같이 말했다.

그녀는 친구의 말이 옳다고 생각했다. 특별히 그 사나이 마음에 들자고 생각한 것은 아니고, 그 자리에서 자동차 운전면허를 따자고 결심한 것이었다.

애당초 드라이브를 좋아하고, 언젠가는 따리라고 마음 먹었었다. 교습소에 열심히 다니기 시작했다.

회사 근무 시간 이외의 대부분을 자동차 운전 면허를 따기 위해 사용했다 해도 좋을 정도였었다.

그런 보람이 있어 2개월만에 멋지게 단번으로 합격했다.

"용케도 단번에 땄군 그래"

그 남자 친구가 놀렸다.

"차를 사고 싶어. 좋은 게 있으면 소개해줘."

여성으로서 으례 그러하듯 메카니즘에 어두운 그녀는 처음엔 중고차가 좋다는 권유를 좇아 남자 친구에게 부탁했던 것이었다.

혼자서 움직이는 백미러

남자 친구가 찾아낸 것은, 주행 거리가 겨우 1300km라는 새 차나 다름없는 것이었다. 더욱이 값은 시세보다 쌌기 때문에 카오리는 첫눈에 마음에 들었다.

자동차의 색깔은 크림색이고 중형의 스포티한 느낌이 드는 디자인도 여성이 운전하기엔 딱 어울린다는 느낌이었다.

자기의 것이 된 그 자동차가 몹시 마음에 든 카오리는 이찌카와의 자택부터 자동차로 통근하게 되었다.

"아직도 부딪치지 않았어?"

반은 농담조로 같은 회사의 남자 사원들은 놀렸지만, 카오리는 한 귀로 흘려버리며서 몹시 만족했다.

이 차에는 거의 그녀 혼자밖에 타고 있지 않았다. 어쩌다가 몇 명의 친구 중 한사람이 탈 뿐이었다.

그런 탓인지 그 자동차의 '괴상함'을 깨닫지 못했다.

처음으로 세 명 이상의 사람이 그 자동차에 탔을 때 그녀는 핸들을 잡으면서 전방에 주의를 게을리 하지 않았다. 뭐니 뭐니해도 아직 초보자라 해도 좋을 정도이며 여유란 별로 없었다.

자동차엔 옆자리에 동료인 친구가 타고 있었으며 뒷좌석에 두 명의 남성이 타고 있었다. 토요일이었다. 이찌카와에서 도쿄에 나와 제3 게이힝 도쿄↔요코하마간 고속도로를 타고 에노시마 로 가기로 되어 있었다.

가는 도중, 카오리는 몇 번인가 백미러를 보고서 뒷좌석으로 눈길을 돌렸다. 왜냐하면 뒷좌석에 두 명의 사내 이외도 누군가 있는 느낌이 있었기 때문이다. 그러나 백미러에 비치는 것은 동료인 두사람의 남성뿐이었다.

마음의 탓이겠지, 라고 카오리는 스스로 생각하고 그 일은 그대로 잊어버렸다.

그 후에 또 그녀 외에 두사람이 탔다. 그때도 뒷좌석에 다른 사람이 있는 느낌이 들었고 술렁거리는 듯한 느낌이 왔다.

그런 일이 반복되는 사이 점차로 여러가지를 알게 되었다. 자동차에 세사람 이상 타면 반드시 다른 사람의 말소리라고 할까 웅성거림이 일어나고 그리하여 때로는 웃음소리나 울음소리마저 들리는 느낌이 드는 것을 알았다.

그것들의 느낌이라고 할까 소리는 운전하는 사람밖에 모르는 모양이었다. 한 번 뿐아니라 친구가 도중에서 핸들을 바꿔 쥐었을 때 그도 뒷좌석에서 무언가를 찾듯이 백미러를 들여다 보곤 했었다.

그러다가 백미러가 저혼자서 움직였음을 알았다.

뒤에서 따라오는 움직임을 보기 위해 백미러를 보려고 했더니 누구도 건드리지 않았는데 그 각도가 바뀌어 있었다.

이튿날, 그날은 남자친구 두사람과 친한 유꼬와 함께 '하코네'로 드라이브 하기로 되어 있었다.

이제는 운전에도 제법 익숙해져 그녀는 핸들을 잡아가며 다른 사람들과 대화를 나누는 여유마저 있게 되었다.

도매이 고속도로를 달리고 아쓰기(厚木) 인터체인지로 내려 와 아쓰기~오다와라(小田原) 도로를 달리고 있었다.

"앗!"

카오리는 자기도 모르게 외쳤다.

문득 백미러를 보았을 때 아무도 건드리지 않았는데도 백미러가 혼자서 움직이고 각도가 바뀌는 것을 보고 말았던 것이다.

그 놀라움으로 하마터면 대형차와 정면 충돌을 할뻔 했었다.

너무나도 이상한 일이 자주 일어났다. 기분이 나빠진 그녀는 그 자동차를 팔아버렸다.

그 자동차는 지금 누가 어디서 타고 있는 것일까? 그 자동차는 사고를 일으키고 사람의 악령이 붙어있는 것은 아닐까?

맨션의 악령

싸구려 맨션의 괴리

'모르는 게 약'이라는 말이 있다. 섣불리 아는 것보다 모르고 있는 편이 낫다는 의미로도 해석된다.

비슷한 의미의 말로 '장님 뱀을 무서워 않는다'는 것도 있지만 인간은 모르는 편이 다행이다 하는게 현실의 세상에는 많이 있는 법이다. 알아버렸기 때문에 작은 일이 큰 일을 불러일으키든가 하기 때문이다. 그리하여 또한 모르는 자는 강한 면도 있는 것이므로 인생은 재미있다.

카메라 맨 네르 쇼이적(根津正一)씨는 일이 순조로워 생활이 안정되었으므로 2DK의 아파트에서 어딘가 맨션으로 옮기고 싶다 생각하고 있었다.

그런 심정으로 있었기 때문에 친구인 잡지 편집자로부터 나카노(中野)에 아주 싼 맨션이 있다고 들었을 때 구미가 당겼다.

일이 없는 날을 이용하여 네즈씨는 곧 그 맨션을 보러 갔다.

그 맨션은 3LDK였다. 더욱이 리빙 룸은 다다미 10조의 넓이나 된다. 보통 이만한 넓이의 맨션이

ASAHI OPT.CO.

라면 건축후 5년이 지나고 있어도 2천만 엔 가까이나 나가는 것이었다.

그것이 1천 2백만 엔으로 팔고자 내놓고 있었다.

"2, 3년 살면 천 8백만 엔으로 팔릴 거다!"

하고 친구는 말했다.

"여유가 있다면 내가 사고 싶을 정도이다."

고도 말했다.

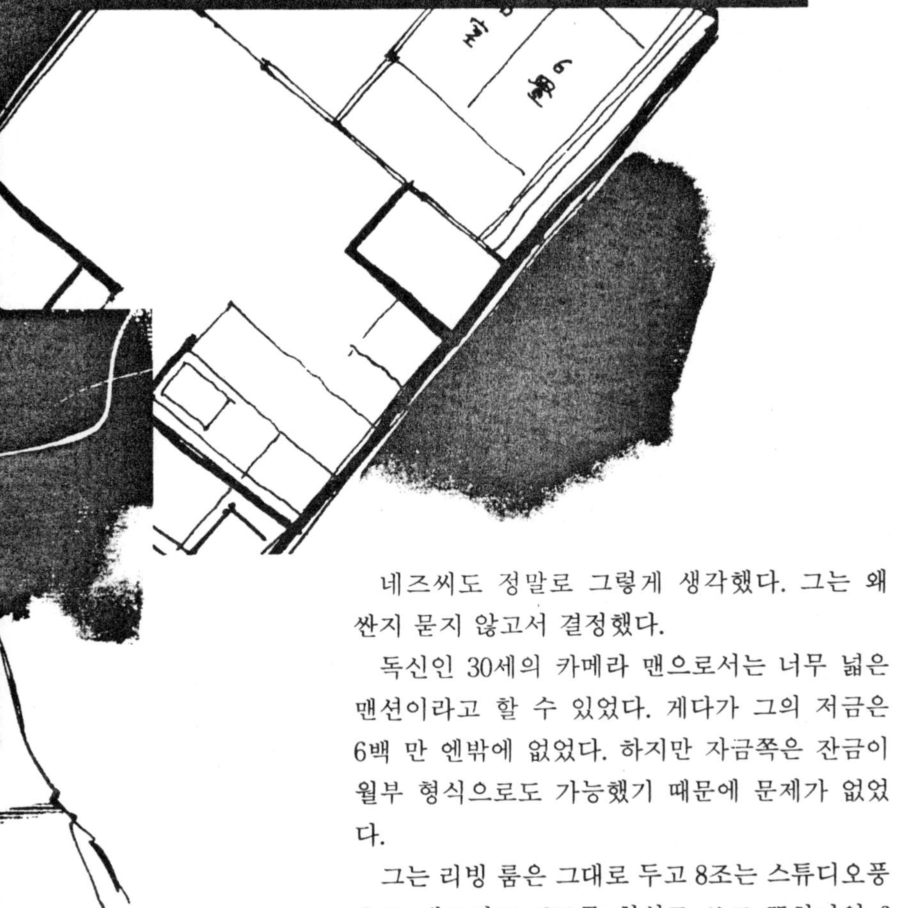

네즈씨도 정말로 그렇게 생각했다. 그는 왜 싼지 묻지 않고서 결정했다.

독신인 30세의 카메라 맨으로서는 너무 넓은 맨션이라고 할 수 있었다. 게다가 그의 저금은 6백 만 엔밖에 없었다. 하지만 자금쪽은 잔금이 월부 형식으로도 가능했기 때문에 문제가 없었다.

그는 리빙 룸은 그대로 두고 8조는 스튜디오풍으로 개조하고, 6조를 침실로 쓰고 또하나인 6조방은 사무실 식으로 하며 벽장도 암실용으로 개조할 작정이었다. 그렇게 함으로써 매달의 경비는 상당한 부분이 남을 터이었다.

그리고 결혼에 대해서도 생각하고 있었다. 만일 그 상대가 OK한다면 스튜디오는 단념해도 좋겠

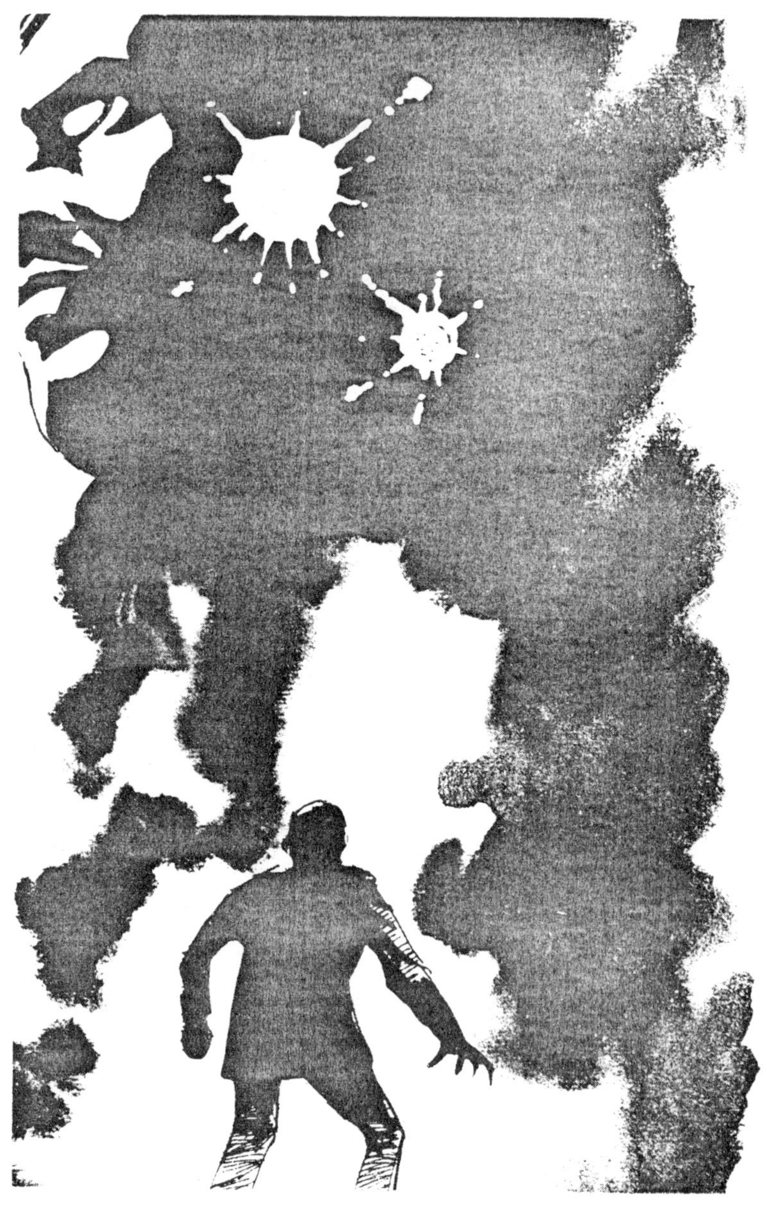

다고 생각했다.

그날 밤 그녀와 만났다.

"맨션은 사기로 했어."

그는 맨션에 대해 설명했다.

"하지만 어째서 그렇게 싸지요?"

"글쎄…"

"귀신이라도 나오는 게 아녜요?"

농담삼아 말하며 그는 웃었다.

"귀신이라고? 있다면 나와주기를 바라겠어, 사진으로 찍는다면 팔리겠지. 발가숭이 여자라면 더욱 환영이다."

UFO라든가 귀신, 도깨비의 존재를 믿지 않는 네즈씨는 그렇게 큰소리를 쳤던 것이다.

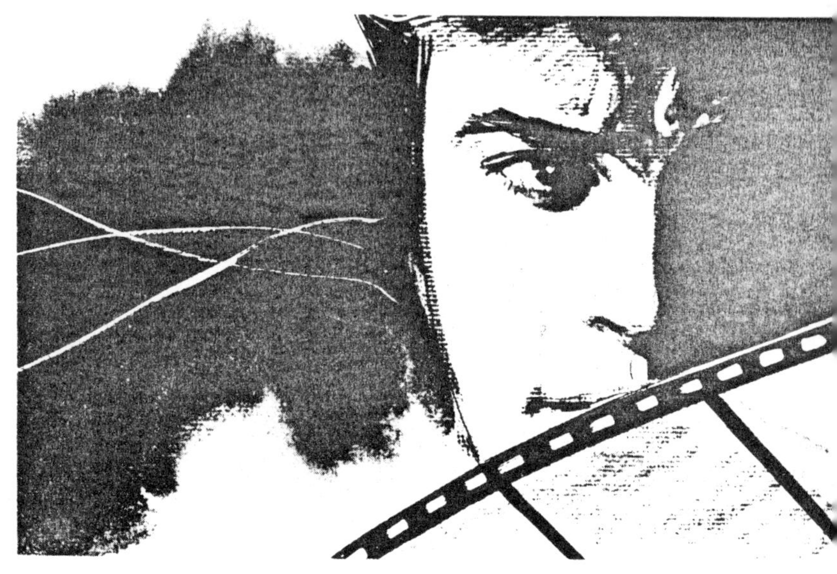

괴로워 하는 사나이의 심령사진

네즈씨는 그 맨션을 샀고, 그곳으로 이사했다.

그 맨션의 방에는 사고사를 한 사나이의 악령이 들러붙어 있고 그 방에 사는 사람을 차례로 괴롭히고 있었던 것이었다. 그 악령으로 희생이 된 사람은 이미 4명이나 있었다.

그 때문에 그 맨션에 살고 있던 사람이며, 그 남겨진 가족은 조금이라도 빨리 이사하여 환금을 하고 싶기 때문에 2천 6백만 엔이나 한 맨션이 5년 동안에 반값 이하가 되고 말았다.

그런 것을 모르는 네즈씨는 그 방에 옮겨온 지 며칠 뒤 일에서 돌아와 필름 정리를 하고 있었다.

그날의 일은 패션 쇼의 사진을 흑백 촬영한 것이었다. 여성 잡지의 그라비아 촬영이었다. 암실은 아직 임시의 형태이지만 예정대로 안쪽 방의 벽장에 만들어 두었다. 흑백 사진은 자기의 손으로 현상

하고 굽기도 하고 있었다. 전문현상소에 보내는 편이 편했지만 그렇다면 프로의 카메라 맨으로서의 긍지를 유지할 수 없었다.

카메라에 필름은 5장쯤 남아 있었다. 그래서 그는 리빙 룸이나 침실을 세 커트 찍었다.

그날은 현상을 하지 않았다. 약속한 날까지 며칠 있었고 이튿날도 일이 있었으며 어차피 하려면 함께인 편이 좋다고 생각했기 때문이다. 게다가 그날은 그녀가 숙박을 하러 오기로 되어 있는 탓도 있었다.

이튿날 밤이 되고나서 현상을 시작했다. 그리하여 20개 가까운 필름을 한개 한개 살피고 있던 그는 한개의 필름에서 이상한 것을 발견했다.

그 필름은 패션 쇼의 것으로서 쇼의 뒷부분에 맨션의 방이 찍혀 있었다. 그 리빙 룸의 사진에 사람이 찍혀 있는 것이다. 그때 방에는 아무도 없었기 때문에 이상하다 싶어 확대기에 필름을 끼우고 그 사진을 확대시켜 보았다.

그랬더니 리빙 룸의 소파와 겹치듯 하며 괴로운듯 신음하는 사내의 모습이 뚜렷이 나타나 있는게 아닌가.

"이상하다…"

그렇게 중얼거렸지만 사실은 온몸에 전율이 일고 있었다. 심령사진이라고 일컬어지는 것인지도 모른다고 문득 생각했다.

그로부터 한 달 뒤인 1975년 9월 그는 촬영차 홋카이도에 갔었다. 목장에서 자라는 경마용 말과 지난날의 스타였던 말을 찍는 일이었다.

일을 끝내고 호텔로 돌아올 때 과일을 샀다. 과일은 헌신문으로 만든 봉지에 넣어져 있었다. 호텔의 방에 들어간 후 무심코 그 헌신문에 눈길이 갔다.

마침 한 사나이가 사고사를 한 기사가 실려 있었다. 그 사내의 주소는 현재 그가 살고 있는 S맨션이었다. 그리하여 무엇보다도 그를 놀라게 한 것은 그 신문에 실려 있는 사내의 얼굴 사진은 그의 사진에 찍혀 있었던 저 기분나쁜 사내와 아주 닮고 있는 점이었다.

"설마…"

하고 생각했지만, 그때의 그는 그것을 완전히 부인할 자신감이 없었다.

그 이튿날, 그는 또 촬영을 하기 위해 목장으로 갔다. 마굿간 위에서 몇 십마리의 말떼를 찍으려다 떨어져 큰 부상을 입고 말았다.

높이 8m의 지붕에서 떨어질 때 네즈씨는 그 악령의 모습을 똑똑히 보았다.

머 리 말

이 책에서 소개하고 있는 악령 빙의(憑依 : 들러붙음)의 이야기는 모두 실제로 일어난 사실들이다. 그것도 내가 모은 수백가지의 실화 중에서 대표적인 것을 골라냈다. 그 중의 어느 것을 보아도 매우 무서운 것이다.

그렇다고 해서 이 책은 독자 여러분을 공포의 도가니로 떨어뜨리기 위한 것은 아니다. 사실 그대로를 알기쉽게 기록한 것으로서 결코 공포 소설은 아닌 것이다. 즉 창작된 이야기가 아니고 어디까지나 넌픽션이다.

독자들 중에는 영화 〈엑소시스트〉 〈헬하우스〉 〈오멘〉 등을 본 사람도 있을 것이다.

이 3편의 영화는 악마[악령원령]를 취급한 것이며, 악령의 무서움을 강력히 호소한다. 살아있는 사람에겐 아무런 죄도 없건만 어느날 갑자기 악령이 들러붙고 만다는 이야기로서, 그 어느날 돌연이라는 점이 뭐라 말할 수 없이 무서운 일인 것이다.

이와 같은 현상은 매일처럼 극히 자연스런 상황에서 상대를 가리지 않고 생기는 것이므로 곤란하다. 모르는 사이 언제 어디서 당신과 친한 사람이 혹은 당신 자신이 악령에 사로잡힐지 모르는 것이다.

악령이 들러붙게 되면, 생활은 엉망이 되고 대인 관계도 파괴되고 만다. 어떻게 하면 악령을 피할 수가 있는 것일까? 또 어떻게 하면 들러붙은 악령을 몰아낼 수가 있을까?

이 책의 후반에서 그 방법에 관해 몇가지를 설명해 보았지만, 그밖에도 상황에 따른 악령 제거의 방법이 있다.

영에 대한 바른 인식, 태도야말로 인간의 삶에 플라스가 된다고 나는 믿고 있다.

여기에 소개된 이야기들은 다년간 본인이 일본에서 활약하면서 체험한 일들과 일본 최고의 심령연구가 나까오까씨의 증언 및 기록들로서 업장소멸을 이해하는데 다소의 도움이 될 것으로 믿어 옮겼다.

1992년 4월

편저자

업장소멸 ③ 차례

괴기 전설

악령체험
악령에 사로잡혔던 진짜 이야기

1. 치바의 도깨비 궁전

—악령의 탈로서 멸망한 가문—

귀신을 지킨다

보오소 반도(房總半島)는 레저도시로서 3면이 바다로 둘러쌓고 있으며 게다가 고와이나 명승지도 있어 많은 사람이 찾는 곳이다.

봄의 썰물 때의 조개줍기, 여름의 해수욕, 캠프, 가을의 하이킹 등 그 즐거움도 변화가 있는 것이 특징이라고 하겠다.

그런 보오소 반도의 돌출부 끝에서 가까운 지바껭(千葉縣)·다테야마시(館山市) '우에노하라'는 국도 128호선을 끼고 있으며 다테야마에서 2km쯤 동쪽으로 나아간 곳이다.

그곳에 폐허로 바뀐 한 채의 커다란 집이 있었다. 조상 대대로 남부 보오소에서 살아 온 혼마(本間)가문의 저택으로서, 여기에 살고 있는 것은 혼마 가문의 사람은 아니었다.

혼마의 저택은 돌문과 반쯤 허물어진 담으로 둘러 싸여 있다. 문부터 건물까지는 손질이 되지 않은 나무며 잡초가 우거졌다.

아무 것도 모르는 나그네는 이 문앞을 지날 때, 고풍스럽고 훌륭한 집이라고 생각할지 모르지만 부근의 사람들은 이곳을 '도깨비 궁전'이라 부르며 접근하기를 꺼려했다.

그것은 도깨비 궁전이라는 호칭이 딱 들어맞는 상태였다.

몇 번이고 개축되었을 테지만, 현재의 이 집은 1939년 쯤에 지어진 것으로서 2층 건물의 열칸(1칸은 사방 6척이상이나 되는 우람한 가옥이었다.

그러나 사람이 살지 않게 된지 몇 년이 지났으므로 벽은 헐고 지붕의 기왓장도 군데군데 벗겨지든가 하여 저택 전체가 당장이라도 무너질 것만 같았다.

그 건물의 외딴 채에 단 한사람, 사람이 살고 있었다. 그 사람은 겐뻬이(源平) 영감이라고 하며, 옛날 혼마 댁의 머슴 노릇을 했었다. 앙상하게 마르고 쇠약한 몸으로서 눈만 이글이글 불타고 있는 느낌이었다.

이 반쯤 무너진 집과 비쩍마른 겐뻬이 영감의 짝지움이 도깨비집에 알맞은 분위기를 자아내고 있었다.

겐뻬이 영감은 세상과 담을 쌓고있는 듯한 생활을 했다. 주위의 사람과 말도 않고 좀처럼 물건을 사는 일도 없었다. 무엇으로 생활하는지 확실치가 않지만, 어쨌든 넓은 저택 안을 때로는 돌아다니고 있는 모습을 이웃 사람이 보고 있을 뿐이었다.

겐뻬이 영감은 애당초 사람을 싫어하고 별로 남과도 사귀지 않았던 모양이다. 그러기에 폐허가 된 호마 가문의 집을 찾는 사람은 지금엔 거의 없었다.

더욱이 이웃 사람들이 '도깨비 궁전'이라 부르는 것은 이 집이 폐허처럼 되어 있기 때문만은 아니고, 이 집에 얽힌 온갖 '사건'을 아는 사람들은 그 무서운 일로부터 깊은 인상을 받고 있는 것이었다.

겐뻬이 영감은 산 송장처럼 되면서도 악령때문에 전멸하고 만 혼마가의 사람들 영을 지키며 살고 있었다.

이 이야기는 그런 인간 혐오의 겐뻬이 영감이 나에게 띄엄띄엄 이야기해 준 것이다.

감쪽같이 사라진 16세 처녀

"무엇부터 이야기해야 좋을지 나로서도 모르겠지만, 아무튼 옛날의 일이라서 차례로 이야기하는 편이 좋을 거요."

영감님은 그렇게 말하고서 이야기를 시작했다.

혼마댁의 가계(家系)란, 글쎄 그 조상이 겐지[源氏 : 일본 13세기의 신흥계급, 겐지와 헤이지(平氏)라는 무사계급의 우두머리. 이 무렵부터 장원을 배경으로 거기에 딸리는 무사들이 나타나 먹고 살기 위해 결사적으로 싸웠다.]의 핏줄을 받았다는 거예요. 이 '지비깽'의 지명 유래가 된 '지바씨'를 조상 대대로 섬기고 있던 셈으로서, 혼마씨는 차츰 이 고장에서 손꼽히는 가문이 되고, 부자라고 일컬어지게 되었답니다요.

'메이지'(明治)가 되고 나서는 저의 주인이던 '혼마 료스께'(本間良介) 나리의 조부이신 '야스고도'(安五郎)나리가 이 근방 일대에서 세력을 떨치고 점점 갑부가 되었습니다요.

료스께 나리는 맏아들인데 둘째가 히데오(苦男)라는 이름이고, 그밖에 제일 막내이지만 '후데'라는 맏딸이 있었습지요. 3남매였던 겁니다. 그것은 '다이쇼'[大正 : 매이지의 다음] 몇 년이었는지, 아냐

쇼와 [昭和]가 되었을지도 모르지만 그 후데라는 아가씨가 갑자기 없어지고 말았습니다요.

아무런 단서도 없고, 어느날 갑자기 없어지고 만 셈이지요. 그야 모두들 근처를 찾아 다녔지요. 아무튼 혼마댁의 아가씨가 없어졌다는 것은 고을이 발칵 뒤집히는 사건으로 경찰은 물론이고, 도가에 딸린 어부들도 모두 나서서 산속이며 바닷가나 강줄기 등 샅샅이 뒤졌지요. 그런데 전혀 흔적이 없었던 거예요. 그 당시 후데님은 16세가 되어 있었다고 생각되는데, 그 당시의 16세라고 하면 지금과는 시대가 다르지만 똑똑하셨습니다요. 게다가 여자로서의 매력이 나타나기 시작했던 무렵인 셈인데요, 이 근처 사람은 후데님이 혼마댁의 아가씨임을 누구나 알고 있어 아가씨에게 나쁜 장난을 하려는 자가 있는 것도 아니고 어쨌든 지금처럼 집의 수가 많은 것도 아니며 자동차도 그리 볼 수 없던 시절이라서 혼자 어딘가로 가도 곧 알 수 있었지요.

하지만 그렇게도 대대적인 수색을 했건만 아가씨의 단서는 아무것도 없었어요. 그래서 누군지는 모르지만 '귀신이 업어 갔다'는 것을 말한 사람이 있었고, 아가씨가 없어진 일도 너무나 이상한 사건이라서 모두들 사이에 어느덧 '귀신이 업어 갔다'는 것이 되고 말았습니다요.

예, 아가씨는 끝끝내 발견되지 않았죠. 어딘가에서 살아 있는지, 아니면 무슨 일인가 일어나 죽고 말았는지….

혼마 댁 사람들의 슬픔이란, 뭐니뭐니 해도 여자 아이는 아가씨 단 하나였으므로 우리가 보아도 그것은 너무나 딱한 노릇이었습니다요.

특히 아가씨를 귀여워 했던 것은 조부인 야스고로 큰 나리였습지요. 그는 대세력을 갖고 있던 '오야붕' 격이고, 관록도 있는 분이었는데 아가씨가 없게 되고서 부터는 아주 낙담하여 팍 늙어버렸지요. 한 달동안 일도 하지 않고서 집에 틀어박힌 채,

"후데는 지금쯤 뭘 하고 있을까?"

"후데는 죽은 거야"

라는 등 혼잣말을 했습지요. 그리하고 대낮부터 술을 마시게 되었던 거예요.

그리하여 당연한 것처럼 일은 않게 되어 아들인 '조에모몬(長右衛門)나리, 그래요! 료스께 나리에게 모든 걸 물려 주고 당신은 은퇴하기로 했습지요. 그렇다고는 하나 이미 80이 가까와져 있었으니까 그런 나이까지 원기있게 일한 편이 이상할 정도였습니다요. 아가씨의 실종이 어지간히 타격이었던 거지요.

료스께 나리에겐 장남인 아키라(明), 차남인 이사무(勇), 셋째인 다케시(剛)라는 세 아드님이 있고, 마님은 치요(于代)라는 이름이었지요. 그 아우인 히데요 나리는 하루 마님과의 사이에 장남 야스시(晴), 장녀 후미의 남매가 있었습니다.

이 두 형제는 자기의 힘 이외는 전혀 믿지를 않는 요즘 말하는 원맨으로서 통하고 있었지요. 이미 그 횡포라고 할까 자기 멋대로 하는 일은 독재자라고 해도 좋을 정도였었지요. 형제는 몇 개의 작은 회사를 가졌고 아버지로부터 물려 받은 일을 계속했습니다만, 그 회사의 사람이나 관계자들은 늘 두사람의 오야붕(보스) 얼굴빛을 엿보고 있을 정도로서 그것은 옆에서 보아도 가엾을 정도였습니다요.

이렇게 이야기를 하면 두 형제의 사이가 대단히 좋고 일도 함께 힘을 합쳐 했다고 생각하실 테지만, 사실은 두사람 사이가 아주 나빴답니다. 그 원인은 두사람의 성격이 너무나도 닮고 있던 탓이 아닐까요?

둘다 황소 고집이랄까 완고한 성격으로서 대단히 제멋대로 였지요. 그러니까 부하들을 인간이라고는 생각지 않는 느낌이었지요.

"일을 시키고 있는 것만으로도 행복이라고 생각해야지."

라든가 '모처럼 일을 하는데…'와 같은 말을 둘다 곧잘 입밖에 내었던 것만으로도 그것을 알 수 있습니다. 가엾은 것은 두 마님들로서 다른 사람 이상이었다고 하겠지요. 마님들에 대해서도, '여자인 주제에.'

라는 게 입버릇으로서 일에 대해서나 돈문제, 그리고 자기들 남자의 놀이에는 절대로 참견을 못하게 하는 성격이었지요.

두 마님 가운데 료스께 나리의 마님이신 치요님은 온순한 분으로서 무슨 일이고 나리님을 거슬리지 않고 따랐지요.

한편 하루 마님은 꿋꿋한 성미였습니다. 그렇다고 히데오 나리에 거슬린다는 것은 아니었지요. 말대답을 하든가 거슬렸다든가 한다면 히데오 나리는 그야말로 격렬한 분노를 터뜨리는 편이라서 마님도 아픈 꼴은 당하고 싶지가 않았을 테죠. 일단 말이나 태도로선 나리님의 분부에 따르고 있었는데 그 본심은 어떠한 것이었을까요?

왜냐하면 마님의 눈이나 그 태도의 극히 작은 일부분에 진심으로 복종하는게 아닌 부득이 그러하고 있다는 느낌이 나로서도 느껴졌던 셈입니다요. 아니, 나뿐 아니라 나리님도 때로는 그것을 느꼈던 모양이예요. 왜냐하면, '뭐야, 너의 그 눈빛은 ! 내가 하는 말에 불만인가?' 라든가 '뭐지! 뭔가 하고 싶은 말이 있는가! 그런 태도를 하지말고 하고싶은 게 있다면 말해!' 하며 소리 지르는 것을 몇 번이나 들은 적이 있기 때문입니다. 그러나 료스께 나리는 좀처럼 마님을 야단치든가 손찌검을 하는 일은 없었지요. 예, 료스께 나리 부부의 의는 좋았습니다요. 그리하여 형제 두사람은 회사에서 뿐아니라 집에 돌아와서까지 곧잘 싸움을 했습니다. 싸움이라 해도 사업에 대한 의견이 충돌되든가 어긋나든가 하는 일이 원인이었지요.

"히데오란 녀석은 아직도 세상이 뭔지 몰라. 그러면서 자기의 의견이 절대라고 생각하는 거야. 정말이지 고집이 센 놈이야."

료스께 나리가 나에게 들려 준다고 하기보다 혼잣말을 하며 마음의 울분을 푸는 일이 자주 있었지요. 그럴 때 히데오 나리쪽도,

"형은 조금 연상이라며 형의 유세를 부리고 무리한 일을 강요하고

있어. 정말 고집통이라 싫어진다니까."

등 상대의 고집을 도마에 올려 놓고 욕을 하고 있었습니다. 예, 참말이지 두사람은 의가 좋지 않았습니다요. 함께 술을 마시든가 부드럽게 잡담을 나눈다는 일 따위나 정월이나 제사 등이 없었기 때문이 아니었을까요? 그런 형제였지만 사는 곳은 같은 집이었습니다.

같은 집이라 하여도 그 저택은 하여간 한사람 밖에 없다면 하루 종일 소재만 하고 있어야만 할이만큼 큰 집이라서 서로 얼굴을 마주치고 싶지 않다면 며칠이건 얼굴을 맞대지 않을 수도 있었지요. 그러나 마님들은 그럴 수 없습니다.

부엌이 하나밖에 없었고, 하루종일 집안에 있는 셈이고 마님들도 그리 사이가 좋다는 것은 아니었지만, 그럭저럭 잘 해나가고 있었지요. 그런 때라도 치요 마님쪽이 연상이고 맏동서였지만 온순한 성격이라서 마님의 뜻대로 되었던 것 같아요.

두 분의 성격이 정반대였던 일이 아마도 의좋게 지낼 수 있었던 원인이겠죠. 겐뻬이 영감은 거기까지 이야기하더니 차를 새로이 따르기 위해 일어섰다. 영감의 허리는 아직도 꼬장꼬장 했었다.

이야기를 듣기 시작한 것은 오후 3시 경이었으나 이때는 혼마가의 도깨비 궁전에 석양이 비추기 시작하고 있었다.

원인 불명의 기병(奇病)

차를 따르자 영감은 담배에 불을 붙였다. 차나 담배는 언제 사러가는 것일까? 이웃 사람들은 영감이 좀처럼 장보러 나오지도 않는다고 증언하고 있으므로 한번에 상당한 양을 사두는 것일까?

맛있다는 듯이 담배를 피우고 그리고서 담배 연기를 멍하니 응시하고 있었다. 아니 그 연기를 통해 먼 과거로 생각을 달리고 있었을지도 모른다. 또 영감은 지껄이기 시작했다.

"그것은 전쟁중의 일이었지요. 두명의 나리, 료스께 나리와 히데오 나리는 항공대에 드나들며 일을 하고 있었지요. 아시다시피 보오소에는 항공대 기지나 훈련소가 있고, 특히 육군의 항공대가 끝발이 셌습니다요. 두 형제는 이 고장에서 얼굴이 많이 알려져 군대의 높은 분을 이용하는 편이 득이었을 거예요. 항공대의 일을 하고 있어 두사람 모두 병역은 모면하고 있었습니다. 그것은 1944년 그래요, 일본군이 좀 이상해지기 시작한 무렵이니까 틀림없어요. 그해 8월의 일이었지요.

그날은 조부인 야스고로 큰 나리의 기일(忌日)로서 혼마 일족은 무덤 참배를 갔었지요. 친척들이 많이 모여 굉장한 것이었습니다요. 보리사(일본인은 대부분이 불교신자이고 묘지도 단골인 보리사에 있음)에서 공양을 올리고 그 본당에 연회석이 마련되었습니다.

"남쪽의 섬에선 격전이 벌어지고 있는 모양이야."

"꽤나 몰리고 있는 모양이지."

"무슨 소리야. 대본영(총사령부)에선 승산이 우리에게 있다고 하잖는가?"

"그건 그래. 철퇴도 나중의 일을 생각하는 것이지. 작전의 하나일세."

남자들은 역시 전쟁의 이야기가 중심이었습니다. 젊은 사람들은 거의가 전원 군인으로 뽑혀 가서 이날 모인 사람들은 나이먹은 사람들이 많았죠. 그러나 뭐니 뭐니해도 '메이지' 태생이니 만큼 '야에토타마시'[太和魂 : 일본정신, 국수주의]가 있습니다. 군국주의 국가에서 정신주의 교육을 받은 자들 뿐이니까요.

그러나 일단 하나의 인간, 어버이의 입장에서 이 전쟁을 생각해보면 모두들 각각 자식들을 전쟁터에 보내고 있던 셈입니다요. 부모로선 역시 아들, 내 자식의 일이 걱정됩니다. 이것은 당연한 감정이겠죠.

그 무렵엔 여러가지(유언비어)도 난무하고 있었습니다. 그러니

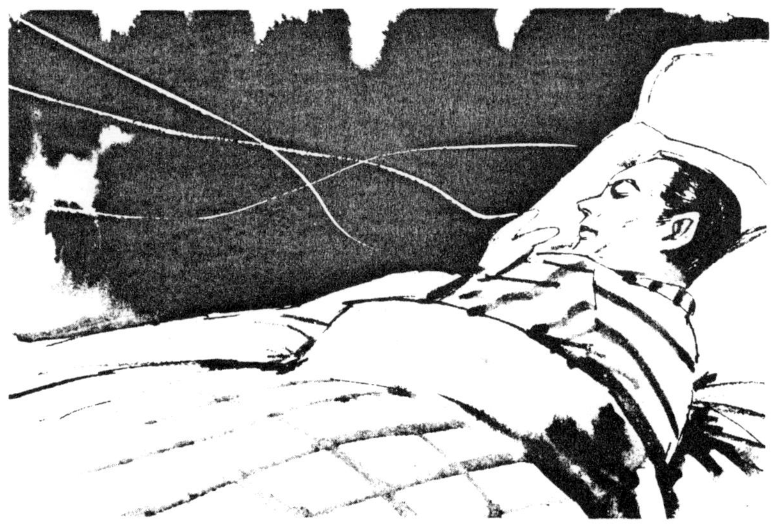

까 그런 모임에서 갖가지의 정보를 모으고 싶었겠지요.

하지만 과연 메이지 태생의 사람들입니다. 마음 속으로선 자식들의 일을 걱정하면서 그것을 겉으로는 나타내지 않고,

"이찌카와의 무라야마에 아들은 훌륭히 전사하여 훈장을 받았다더군."

"그래, 훌륭한 일이지."

"내아들도 훌륭히 싸우고 있을 테지."

등등 기세 등등한 것만 지껄이고 있었습니다요. 젊더라도 50대, 거의가 60대, 70대의 사람들이지만 술에는 쎄고 혼마씨의 잔치라면 과연 음식들도 푸짐하며 모두들 먹고 마시면서 아주 떠들썩 했지요. 료스께 나리도 히데오 나리도 기분좋게 사람들과 이야기 꽃을 피우고 있었습니다. 슬슬 자리가 끝나 갈 무렵입니다. 그때까지 기분이 썩 좋았던 료스께 나리가 돌연 큰 목소리로 고함을 질렀던 거예요.

"그런 일은 용서치 않을 테다."

그렇게 말했습니다. 그때 료스께 나리는 육촌뻘인 분과 무언지 이야기를 하고 있었습니다. 그 분이 나중에 말씀한 것에 의하면 다만 자기 딸의 결혼에 대해 보고했을 뿐이었다고 합니다. 그러므로 고함을 들을 이유따위도 전혀 없고 더욱이 앞뒤의 관계도 없는 말로서 면박을 받아 본인도 납득이 되지 않았는지,

"참 이상하다. 일을 너무 무리하게 해서 머리가 지쳐있는 게 아닐까?"

하며 은밀히 미친게 아닌가 걱정하더군요. 확실히 그날부터 료스께 나리의 거동은 이상해졌던 것입니다요. 그것이 혼마씨의 일족 전원에게 영향을 미친다고는 그땐 누구하나 생각도 못했었지요. 료스께 나리는 애당초 빡빡한 성격이기는 했지만, 겉으로는 거칠은 면 따위는 드러내지 않고 어느 쪽인가 하면 신사적인 태도로 남들과 대하고 있던 겁니다. 그렇지만 그날을 경계로 사람이 달라진 것처럼 말투나 태도가 거칠어졌던 거예요. 료스께 나리의 변화는 그것뿐이 아니었습니다. 원인 불명의 발열을 되풀이 했던 거예요. 하루 원기있게 일을 하고 집에 돌아와서 목욕을 하든가 한 뒤에 그제까지는 아무렇지도 않았는데 별안간 고열이 나는 거예요. 의사가 불려와서 치료를 하는데 효험은 없고, 의사 선생도 고개를 갸웃하고 있었습니다.

"이상한 병이다. 열이 있는데 감기는 아닌 것 같고 다른 어디도 나쁜 곳은 없다."

고 말하는 것이었지요. 그 열은 오래 가는 일도 있었지만, 극히 짧은 동안 밖에 나지 않는 일도 있었지요. 열이 나서 의사를 부르러 가고 의사 선생이 오기전에 열이 없어져 원기를 되찾은 일도 자주 있었습니다.

열이 나고있는 동안, 료스께 나리는 쌍스런 말로 남을 욕하든가 매도하든가 넋두리를 늘어놓든가 했습니다. 그 중에서도 가족들이 두려워한 것은 일본군의 욕이었지요.

"육군은 바보야. 자기의 힘을 과신하고 있어."

"이대로라면 일본은 진다.!"

"일본 따위 지고마라."

"해군을 본받지 않으면 안돼."

그런 것을 큰 목소리로 외치는 겁니다.

그 당시의 일이므로, 그런 말이 일본군의 관계자나 헌병의 귀에 들어가면 큰 일이 나고 맙니다.

곧 끌려가서 비국민(非國民)으로써 혼이 나고야 말겠지요.

료스께 나리가 열이 나서 고함치기를 시작하면 가족들은 벌벌 떨어가며 열이 내리기를 기다렸지요. 다행한 일로서 저택이 넓었으므로 그 목소리가 밖으로 샌다는 일은 없고 다만 고용인이나 의사에게 입막음을 시키는 것만으로 좋았던 셈입지요. 이윽고 나리님은 열이 나기 시작하면 뜰로 나가고 싶어 했습니다. 뜰이라고는 하지만 보시다시피 웬만한 공원만큼의 넓이가 있습니다. 숲속을 몽유병자처럼 걸어다니는 거였어요. 처음 얼마 동안은 걱정이 되어 제가 언제나 따라갔지요.

"겐뻬이, 따라오지마라!"

고 말했지만 그러나 마님이 걱정하면서 나리님에게 들키지 않도록 보일 듯 말듯 뒤를 밟고 무슨 일인가 있다면 곧 달려오라고 분부하셨던 거지요.

어느 날 언제나처럼 열이 나서 뜰로 나간 나리님은 비실 거리며 걷고 있었는데, 별안간 꿋꿋한 발걸음이 되어 문쪽으로 방향을 바꾸었던 겁니다. 이런 일은 처음인 것이었지요.

나는 누군가 가족에게 알리는 편이 좋다고 생각했지만, 그때 나는 문득 아직도 어렸을 무렵 보고 들었던 후데님의 실종이 생각났던 거예요. 내가 집으로 돌아가고 있는 사이에 만일 나리님이 집을 나가 어딘가로 가버리고 행방불명이 되면 곤란하다고 생각했던 겁니다. 나는 그대로 나리님의 뒤를 밟았습니다. 나리님은 문을 나서

자 다시 느릿느릿 비실거리며 걸어갑니다. 그대로 뒷산 쪽를 향해 갑니다. 주위를 살펴 보는 일도 없이 얼굴을 전방에 보낸 채 마치 실이나 무언가로 끌려가는 듯한 걸음걸이로 자꾸만 가는 거예요.

"어디로 갈 셈일까?"

나는 걱정이 되었습니다. 말을 걸어 집으로 데려가는 편이 낫을지 나로선 판단이 되지 않았던 것입니다.

나리님은 숲속으로 들어갔습니다. 주위는 가로등 따위는 없었던 시대이고 저녁 어스름이 드리워져 어딘지 으스스한 분위기가 떠돌기 시작했습니다.

나리님은 걸음을 재촉했고 그리하여 어떤 장소에 이르자 멈추었습니다. 그대로 몇 분인가 꼼짝도 않고 있었지요. 나는 굽은 나무 뒤에서 그런 나리님의 태도를 엿보고 있었습니다.

그러고 있는 시간이 길다고 느껴진 일, 어쨌든 무엇때문에 또 무슨 일이 일어날지, 그런 일은 도무지 모르는 거예요. 초가을의 무렵이었다고 생각되지만, 그러나 몸은 으스스 추웠다는 것을 지금도 기억하고 있습니다.

꼼짝않고 서 있던 나리님은 별안간 주위를 두리번 거리며 둘러보았습니다. 그리하여 나의 쪽을 향했을 때 그 표정은 멍해져 있었습니다.

그때까지 나리님의 뒤를 몇 번이나 밟고 있었으므로, 그런 태도로 나는 나리님의 열이 내렸음을 알았습니다.

자기가 어째서 이런 곳에 있는지 본인으로선 몰랐겠지요. 제정신이 들자 꼿꼿한 발걸음으로 집을 향해 빨리 돌아가셨던 거예요.

아무 일도 생기지 않았으므로 나는 안도의 한숨을 돌리자 잰걸음으로 걷는 나리님의 뒤를, 역시 들키지 않도록 밟으면서 집에 돌아왔지요.

집밖으로 나간 것은 그때가 처음으로서 그런 일은 그때부터 없어졌습니다. 무엇때문에 밖으로 나갔는지, 그때 무엇이 나리님에게 생겼는지, 무슨 영향이 있었는지는 지금도 저로선 모르겠어요.

하지만 선생님처럼 이런 일에 상세한 분이라면 이제부터 전부 이야기 하는 것이 어떠한 의미가 있었는지 알게 될지도 모르지요.

예, 이때 료스께 나리는 분명히 51세였습니다. 치요 마님이 46세, 세아드님은 장남인 아키라 도령이 19세 쯤이고 이사무 도령이 16세, 다케시 도령님이 14세가 되겠군요."

이상한 수행자의 말

혼마가의 반쯤 썩은 저택에도 어둠이 깃들기 시작하고 있었다.

영감은 외딴채의 전등을 켰다. 그 전등은 별로 밝지가 않고 영감을 중심으로 한 작은 테이블 주위를 겨우 비추고 있을 뿐으로서, 구석까지는 빛이 미치지를 못하여 이야기가 으스스한 내용에 이르자 그 어스름한 한구석에 마치 누군가 앉아 이쪽을 지긋이 엿보는 듯한 느낌이 드는 것이었다.

그런 일은 신경 탓이라 알고는 있어도 무겁고 어두운 분위기라 그만 자기도 모르게 방의 한구석 쪽을 살펴보지 않을 수 없었다.

겐뻬이 영감은 술을 가져 왔다.

"료스께나리가 이상해졌던 것은 8월이었습니다. 그리고 두 달쯤 고열이 나서 헛소리를 하든가 몽유병자처럼 돌아다니든가 하는 일이 계속되었던 겁니다. 그리하여 10월의 어느 날, 어느 때였는지 지금에 이르러선 확실하지 않지만 차남인 이사무 도령의 태도 역시 이상해졌던 거예요.

아까도 이야기한 것처럼 이사무 도령은 16세가 되어 있었지요.

그날 이사무 도령은 친구와 함께 자기의 방에서 공부를 하든가 전쟁의 이야기를 하고 있었습니다. 그래요, 전쟁쪽은 그 무렵이 되자 적의 B-29가 본토까지 날아와서 아직 도쿄쪽은 별일이 없었지만 나고야라든가 여기 저기서 공습을 받게 되고, 일본군의 전세는 아무

래도 좋지 않았던 거예요.

그래서 군대로 끌려가는 연령도 점점 내려가고 장남인 아키라 도령이나 이사무 도령으로서는 자기도 전쟁에 나가 싸우고 싶다는 심정과 죽는 것은 싫다는 심정의 두가지가 있었던 모양이죠. 어쨌든 복잡한 심정이었다고 생각됩니다요. 특히 특공대의 일이 신문이나 라디오로서 대대적으로 선전되며 영웅, 군신(軍神)으로써 취급되고 있어 젊고 혈기 왕성한 남자들에 있어선 가만히 있을 수 없는 심정의 사람이 많았을 거예요.

나는 보다시피 몸이 좋지 않아 신체 검사에서 떨어지고 말았습죠. 만일 군대에 나가 있었다면 이 혼마댁의 그 저주스런 사건에 입회하지 않아도 되었을 거예요."

"아, 이사무 도령의 이야기였군요."

"그날 이사무 도령은 친구와 이야기하다가 별안간 이상해졌던 겁니다. 자기의 몸이 자기의 의지로 움직이지 않게 되고 말았던 거예요. 그렇다고는 하지만 몸을 움직일 수 없는 것과는 다릅니다.

저 혼자서 멋대로 몸이 움직이고마는 거지요. 앉아 있어도 깡총깡총 몸이 뛰고마는 겁니다.

개가 네 발로 뛰어다니던가 끙끙거리는 모습을 하는 거예요.

이사무 도령의 친구는 처음엔 장난으로 그러는 줄로만 알았다고 해요. 그러나 그렇지 않다는 것을 알자 나와 하녀를 부르러 왔습니다. 우리들이 가서 말을 했지만 통하지 않았습니다.

이윽고 몇 분후 그 상태에서 깨어나 정신이 들었습니다. 예, 여우에 홀렸다는 말이 있죠. 몇사람으로부터 그런 말을 들었습니다.

이사무 도령은 그러고서부터 자주 그런 상태가 되었습니다. 그렇다고 매일은 아니고 며칠에 한번 그렇게 되는 것이었습니다. 료스께 나리 가족의 그러한 태도를 히데오 나리는 쌀쌀한 눈으로 바라보고 있었습니다. 자기로선 관계가 없다는 태도인 거예요.

이런 료스께 나리와 도령의 소문은 곧 읍내에 퍼지고 말았습니다. 큰 나리님에게 신세를 진 분이라든가 어부집의 할머니들이 걱정하며 병문안을 왔습니다. 마님은 그러한 사람들을 응접실까지는 들어오게 했지만, 본인들과는 만나게 해주지 않았습니다. 언제 발작이 일어날지 몰랐기 때문이죠.

그러한 사람들 중에는 갖가지의 종교를 믿는 분도 섞여 있었습니다. 그리하여 나리와 도령에겐 악령이 붙었다고 말하는 사람도 있었던 거지요. 특히 도령에게 붙어 있는 동물령은 곧 제령(除靈)하지 않으면 안 된다고 '보이토' 할머니라는 노파가 끈질기게 주장했지요.

일단은 절 주지님에게 제령과 액댐을 부탁했던 거예요. 당시의 일이므로 영이니 여우의 홀림이니 하는 이야기는 노인들이 아주 자세히 알고 있어 여러가지의 일을 해오는 셈이었지요. 하지만 치요 마님은 혼마댁의 보리사절 주지님께 액땜을 부탁하면 충분하다고 생각했던 모양입니다.

그리하여 패전의 해를 맞이했던 겁니다. 그해의 정월에 히데오 나리 친지의 소개로 한사람의 나그네 수행자[승려와는 다름, 일본엔 산악에서 수도하여 주로 기도 등을 일삼는다]가 혼마댁에 묵게 되었습니다. 아뇨, 그 수행자는 혼마댁에서 일어나고 있는 일은 몰랐습니다. 어쩌다가 보오소를 행각(行脚)하고 있다가 혼마댁에 묵었던 셈이죠. 료스께 나리는 그 수행자가 묵고 있는 것을 몰랐습니다.

이튿날 아침, 객실에서 식사를 하고 있는데 료스께 나리가 모르고 그곳에 들어왔습니다.

나리는 방에 사람이 있음을 깨닫고 그 사람이 수행자임을 알자 벌벌 떨며 두려워 했지요. 나리는 방을 뛰어나오자 마님을 불렀습니다.

"누구야, 저 사람은?"

그 목소리는 떨고 있었습니다.

"히데오님의 손님입니다."

마님은 나리님의 태도에 놀라면서도 침착하게 대답했습니다.

"수행자인 듯 싶은데 대체 무슨 일로?"

"아시는 분의 소개로 하루만 묵게 한 모양입니다."

"그래."

그렇게 말하고서 자신의 방에 들어가더니 료스께 나리는 그곳에서 나오려고 하지않았읍죠. 그런 바로 뒤에 이번에는 도령이 수행자와 딱 마주 쳤습니다. 도령 또한 수행자와 얼굴이 마주치자 매우 무서워하며 벌벌 떨었던 거예요.

도망치듯이 하며 자기 방에 틀어박히고 수행자가 떠나기까지 방에서 나오려 하지 않았습니다. 그 수행자는 객실에 들어가자 명상에 들어갔습니다. 좌선을 하고 경문을 외우기 시작했지요. 그리하여 그 행(行)이 끝나자 마님과 히데오 나리를 부르더니, '댁에는 인간의 피로 그려진 그림이 있겠지요.' 라고 느닷없이 말을 꺼냈던 겁니다.

마님과 히데오 나리는 그만 서로 얼굴을 쳐다 보았습니다.

"그 그림은 할복 자살을 한 사람이 그 자리에서 스스로의 피로 그린 자화상이겠지요. 하지만 그 인물은 댁의 조상을 섬기던 사람입니다."

수행자는 그렇게 말을 했습니다. 그러나 마님도 히데오 나리도 그런 그림이 있다는 건 몰랐습니다.

"글쎄요. 그런 그림은 집에는 보이지 않는데요…"

히데오 나리가 수행자에게 대답했지요. 그러나 수행자는 그런 그림이 반드시 있을 것이라고 주장했습니다.

"그 그림을 찾아내지 않는다면 이 집의 탈은 풀리지 않을 겁니다."

수행자는 그렇게 말하는 것이었지요. 그런 말을 듣고서 기분 좋은 사람은 없습니다. 히데오 나리가 고용인에게 시켜 그런 그림을 찾게 했습니다. 그렇게는 했지만 혼마댁에 오래 전부터 일해 온 하녀인 '오마키'도,

"그런 그림은 본 적이 없어요."

라고 말하는 것이었지요.

예, 나도 본 적은 없었습니다. 나의 아버지도 혼마댁에서 신세를 졌기 때문에 혼마댁에 전하는 갖가지의 이야기며 그와 같은 색다른 것에 관해서는, 나는 아버지로부터 듣고 있었지요. 그러나 그러한 기분나쁜 그림의 이야기는 도무지 들은 적도 없었던 거예요.

히데오 나리도 앞장 서서 10명 가까운 사람이 넓은 저택 안을 찾아나섰지만 그림은 끝내 발견되지 않았습니다.

"어딘가에 반드시 있을테니까 되도록 빨리 찾아 없애는 게 좋소."

수행자는 그런 말을 남기고 길을 떠났습니다.

그리고 며칠동안 틈을 내어서 나나 오마키 등이 그림을 찾아 보았지만, 역시 소용이 없었습니다.

수행자가 가버리고 나서도 료스께 나리는 자신의 방에서 좀처럼 나오지 않게 되고 말았습니다. 그것은 도령도 마찬가지로서 둘다 일도 공부도 않게 되고, 마치 누군가에게 피를 빨리기라도 하듯이 핏기를 잃고 바짝 말라 갔던 거예요.

그 사이 장남인 아키라 도령은 '학도 동원령'에 소집당해 집에는 없었습니다.

료스께 나리가 일을 하지 않게 되었으므로 히데오 나리가 그쪽의 일도 해야만 되어, 매일 몹시 바쁜 모양이었습니다. 애당초 성미가 괄괄했기 때문에 히데오 나리가 집에 있을 때에는 나를 포함해서 고용인들은 모두 벌벌 떨고 있었지요.

그런데도 사업쪽은 바쁜만큼 잘 되고 있었던 모양으로 전시중이므로 동네 사람들은 물자가 부족하여 곤란받고 있었건만 혼마댁만은 그전과 다름없이 아니 오히려 전쟁의 덕분으로 돈도 꽤나 잘 돌고 있었던 겁니다. 이윽고 종전이 되었습니다. 학도 동원으로 가있던 장남인 아키라 도령도 돌아왔습니다. 그러나 료스께 나리와 도령은 여전히 핏기를 잃은 채 마치 망령(亡靈)과 같은 모습으로 방에 틀어박혀 있었습니다.

그럼에도 묘스께 나리의 식욕은 여전하여, 아니 오히려 이전보다도 잘 드시게 되어 고기나 생선을 즐겨 잡숫고 있었습니다. 그렇건만 혈색이 나쁘고 생기가 없다 하는 것은 정말로 이상한 일이라고 나는 생각했지요.

장남인 아키라 도령은 전선에도 가지 않고 무사했던 것입니다.

죽지 않고 집에 돌아온 것을 서로 기뻐해야 마땅했을텐데, 집에 돌아왔을 때에 집이 너무나도 음산하고 무거운 분위기인데 놀랐을 거예요. 명랑했던 도령님이 웃어서는 안된다고 믿고있는 듯한 느낌으로서 말수가 적어지고 말았으니까요.

마님은 도령님이 무사히 돌아왔으므로 그야 아주 기뻐했습니다. 마님은 나리님과 도령인 두사람의 병자라고 할까, 말하자면 그런 상태의 사람을 안고 있는 셈이므로 매일 마음이 무거웠으리라 생각됩니다.

그런 곳에 도령이 돌아왔으니까 오랫만에 마음속이 밝아졌던 게 아닐까요? 그런데… 그런데 말입니다. 참말이지 운명이랄까, 악령이란 것은 너무도 심한 일을 꾸미는게 아니겠어요.

아키라 도령이 돌아오고서 10일째 쯤의 일입니다. 도령은 별안간 무언가에 겁을 먹게 되었던 거예요. 우리들의 눈에는 아무것도 보이지 않는데 벽이나 허공을 노려보며, 그것에 겁을 먹고 있는 거예요. 그리하여 그날 저녁때 가까이 이 뒷쪽에 있는 광[일본식 건물에선 광이 독립되어 있고 부자나 구가일수록 튼튼한 석조의 광을 몇개씩 갖는다. 그리하여 그속에 온갖 귀중한 물건이나 옛날의 것들을 보관한다]안으로 뛰어 들어갔던 거예요.

광의 안에선 히데오 나리의 장녀인 후미 아가씨가 무엇인가 찾고 있었습니다. 그때 아가씨는 17세였습니다. 도령은 그 아가씨의 눈앞에서 마치 무언지 도령님을 뒤쫓아 오기나 하듯이 손으로 휘둘러 쫓거나 광 안을 도망치고 다녔던 거예요.

"그만 해! 제발 그만 해!"

“가까이 오지 마랏!”

도령님은 그렇게 외치면서 도망치기에 바빴지요. 광 안에 아가씨가 있는 것을 도무지 깨닫지 못하는 눈치였습니다. 그리하여 여기저기 도망친 끝에 광 구석에 무언가에 쫓겨 들어간 것처럼 되었던 것입니다.

그때의 광경이 너무나도 예사롭지 않았기 때문에 아가씨는 말도 걸지 못했던 모양이예요.

아키라 도령은 벽에 몸을 비비듯이 하면서 보이지 않는 무언가 쫓아오는 것을 막으려 하고 있었는데, 마침내 벽에 머리를 부딪치기 시작했습니다. 몇 번이고, 몇 번이고…. 피가 흘러도 두려워 하지 않았고 오히려 전보다 세게 벽에 머리를 부딪혀 죽고 말았던 것입니다. 그것을 자살이라고 하는 것일까요?

나로선 그리 생각되지 않는 겁니다. 하지만 자의로 벽에 머리를 부딪쳤던 것은 확실했습니다. 그 전부가 후미 아가씨의 눈 앞에서 일어났던 거예요. 자초지종을 목격하고 있던 아가씨는 계속 비명을 질렀지요.

우리들이 달려가서 그 광경을 보았을 때조차 엄청난 충격을 받았으니까요. 주위 일대가 온통 피바다였습니다. 그 피웅덩이 속에 머리를 깬 아키라 도령의 숨이 끊어져 있었습니다.

아가씨는 비명을 계속 질러댑니다. 광 밖으로 데리고 나가 마님이며 도령이 몸을 흔들고 뺨을 때리든가 하여도 비명을 지르는 것을 그치지 않았습니다.

후미 아가씨는 그대로 미치고 말았던 거예요.

겐뻬이 영감은 거기서 큰 한숨을 내쉬더니 술이 든 컵에 손을 뻗쳤다.

화장터의 가마에 뛰어들다

아아, 그로부터의 뒷이야기는 지금도 도저히 생각하고 싶지 않은 이야기 뿐이지요. 나는 지금도 때때로 그 당시의 꿈을 꾼답니다. 그야말로 악몽입니다. 하지만 꿈이라면 깨면 아무것도 남지않아 괜찮지만, 그것이 현실의 이야기라면…. 무서운 이야기입니다. 참말로.

뭐, 밤은 길지요. 되도록 자세한 일을 떠올리면서 천천히 이야기하기로 하지요. 정말이지, 누군가에게 자초지종을 이야기해 버리고 싶었던 겁니다. 그러므로 오늘은 마음껏 지껄이겠습니다요.

후미 아가씨는 미쳤다고 하지만 광포해진 것은 아니고 다만 멍청해져 감정이 없어지고만 듯한 상태가 된 셈입니다. 언제나 비웃는 웃음을 띄고 있었으며 보기만 해도 그것은 좋은 기분이 아니지요. 더욱이 그런 태도로서 우리들이 하는 일을 말끄러미 보고 있는 거예요. 다만 지긋이 보고 있을 뿐이지요. 별로 위해(危害)가 가해지는 것도 아니지만, 보이고 있는 편으로 말하면 기분 좋은 것은 아닙니다요. 아가씨는 그런 상태였습니다.

그런 상태에서 좀더 큰 사건이 아키라 도령님의 장례식 때 일어났던 겁니다. 혼마가의 일족과 친척이 모여 성대한 장례식이 올려졌습니다. 그리하여 몇 사람들이 화장장까지 갔습니다. 아키라 도령에게 작별을 고하고 화장장의 가마문이 열렸고 관은 그 속에 미끄러지듯 넣어졌습니다.

가마의 문이 열렸을 때부터 윙윙 소리를 내며 세차게 불타고 있는 불길을 이사무 도령은 매혹된 듯이 응시하고 있었습니다. 그리하여 관을 넣고 문을 닫으려 했을 때, 그야말로 아차한 순간 도령은 스스로 그 가마 속에 뛰어들고 말았던 겁니다.

아시다시피 그 가마는 그렇게 넓지는 않습니다. 관을 넣게 되면

사람 하나가 겨우 들어갈 만큼의 틈밖에 없는 거예요. 하지만 그 틈으로 도령은 미끄러지듯이 들어가고 말았던 거예요.

화장장의 사람들도 저희들도 당황하여 몸을 크게 떨며 도령을 끌어내려고 했습니다. 하지만 세차게 타오르는 불길은 금새 도령을 싸안았고, 도령은 날카로운 비명을 한번 질렀을 뿐, 형님과 함께 뼈가 되고 말았던 것입니다.

이 광경은 생각하기만 해도 무서운 것이었지요. 얼마나 저주된 무서운 사건일까요! 그것으로 끝났다면 선생, 그래도 좋았지요.

아키라와 이사무, 이 두 도령의 죽음은 이 저주스런 일련의 사건의 시작에 지나지 않았던 거예요.

두사람이 죽고 한사람이 미쳤으며, 그리고 료스께 나리는 미치지는 않았을테지만 어쨌든 거동이 수상쩍은 채 날이 지났습니다.

제대로인 사람들도 잇따라 일어난 원인불명의 저주스런 사건에 의기소침하고 어두운 심정으로 나날을 보내고 있던 겁니다.

그럼에도 꿋꿋한 마님은 어떻게든지 모두를 원기있게 하고자

하셨습니다. 저희들이 보아도 그 노력은 굉장한 것이었지요.

그런 중에서 료스께 나리의 3남인 다케시 도령은 14세라는 다감한 나이또래이건만 그야말로 꿋꿋하게 어머님인 치요 마님을 보살피고 둘이서 곧잘 이야기하든가 함께 무언가를 하든가 했습니다. 다케시 도령의 그 남자다운 태도에 우리들은 감탄하곤 했었지요.

반 년쯤 지났습니다. 확실히 여름이었다고 생각됩니다. 료스께 나리는 여전히 저택 안에서 밖에 돌아다니질 않고 밖에 나가려고는 하지 않았습니다. 그러나 안색은 나쁘지만 잘 먹는 탓인지 하반신은 튼튼하고 걸음걸이만 해도 보통의 사람과 조금도 다름이 없었습니다.

어느 날 여느 때처럼 내가 일을 하는 모습을 후미 아가씨가 앉아 꼼짝도 하지 않은채 싱글거리며 말끄러미 쳐다보고 있었습니다. 그러고 얼마쯤 있다 일어섰고 뜰 중에서도 가장 나무들이 많은 방향으로 천천히 걸어 갔습니다. 그 걸음걸이가 이전의 몽유병자처럼 되어 료스께 나리가 걸어다니는 느낌과 닮았다고 나는 생각했었지요. 하지만 나는 일을 하던 도중이라서 그대로 그곳에서 일을 계속했습니다. 그리고 조금 사이를 두고서 료스께 나리가 아가씨가 간 쪽으로, 역시 똑같은 걸음걸이로 걸어 가셨습니다.

그때도 나는 흘깃 보았을 뿐입니다. 나리는 나무들 속에서 서성거리고 있는 아가씨를 발견하자 다가 갔습니다. 그리하여 느닷없이 그 자리에 쓰러뜨리더니 생각하는 힘을 잃은 아가씨를 범접하고 말았던 거예요. 아가씨는 나리님의 조카딸인데, 뭐 당시의 나리님에겐 그런 판단력이 없었을지도 모릅니다.

때마치 그곳의 앞쪽의 헛간에 볼일이 있었던 하루 마님이 지나가다 이 일을 본 것입니다.

"무슨 짓을 하시는 거지요!"

마님은 자기의 딸이 아주버님에게 깔려 있는 것을 목격하고서 그만 큰 소리를 질렀던 겁니다. 그리고 말리려고 했습니다. 그러나 료스께 나리에게 떠밀리고 말았지요.

"누군가, 누군가 와줘요!"

마님의 외침소리에 우리들이 달려 갔습니다. 우리들 쪽에서 나리님이 보이는 거리가 되었을 때, 하루 마님은 다시 료스께 나리를 비켜나게 하려고 생각했는지 두사람에게 다가 갔습니다. 그러자 두사람은 일어섰고, 료스께 나리가 하루마님을 떠다밀었고 글쎄 아가씨까지 마님에게 덤벼들었던 거예요.

하루 마님은 보기좋게 쓰러져, 때마침 그곳에 있던 큰 바위에 머리를 부딪쳤던 겁니다.

그때 죽었는지 어떤지 모르지만, 피를 흘리며 쓰러져 있는 마님에게 아가씨가 말 타듯이 하고서 얼굴이나 머리를 마구 때리고 있었습니다. 료스께 나리도 가리지 않고 때리고 있었지요.

우리들은 그곳에 달려가 료스께 나리와 아가씨를 하루 마님으로부터 떼어냈습니다. 우리들에게 제지된 두사람은 거짓말처럼 얌전해지고 마님에게서 흘러나오는 피를 바라보고 있었습니다. 마님은 숨이 끊어져 있었습니다.

료스께 나리와 후미 아가씨는 정신병이라 감정되어 병원에 넣어졌습니다. 하루 마님의 죽음은 누구에게서 새었는지 모르지만, 이웃사람들에게 알려졌습니다.

"혼마댁의 나리가 계수씨를 때려 죽이고 말았대."

"그래서 나리는 미치광이가 되어 병원에 들어가 있다더군."

"내가 들은 것은 아가씨쪽이 미쳐 병원에 들어갔다는 것이었지."

"그렇다면 두사람인가."

"응, 그럴지도 모르지, 후미 아가씨도 실은 어머니를 죽이는데 도왔다고 하잖아."

"무서운 일이야."

"그래, 무섭지. 그 집은 저주받고 있는 걸세."

"그러고 보니 지난 2년간에 셋이나 죽었네. 더욱이 모두들 이상한 죽음이 아닌가?"

"암 그렇지. 더욱이 미치광이까지 나타나고 있거든."

읍내 사람들은 혼마댁을 저주된 집으로써 누구도 관련이 되는 것을 완전히 경원하게 되고 말았던 것입니다.

남들뿐 아니라 고용되고 있는 저희들 중에도 혼마 댁에서 일하는 것은 싫다는 자가 나타나게 되었던 거예요. 자기들도 휩쓸리는 게 아닐까. 무서워졌던 거지요.

솔직히 말해서 저도 생각했습니다. 확실히 이 집은 저주되고 있다. 무언가에 앙화되어 있다고 생각했습니다요. 기분이 나쁘다고 할까 뭐라고 할까. 어쨌든 불안했던 셈입니다.

차례로 진저리 쳐지는 일이 일어나고 그 대부분을 목격하고 있으니까 말이죠. 그 당시도 그제까지의 꿈을 몇 번이나 꾸었습니다요. 꿈에서 가위에 눌리든가 자기의 고함소리로 갑자기 잠이 깨든가.

고용인들 사이에서 다음엔 누구에게 무슨 일이 생길까…. 등 이야기를 나누기도 했었지요. 하녀 두사람과 하인 한사람이 그만 두어 나갔고 나이 먹은 오마키 노파와 나, 그리고 잡일을 맡고 있는 '탠키찌'라는 사내, 세사람만이 남았습니다.

혼마댁 쪽도 두가족인 아홉 명 가운데 세 명이 죽어버리고 두사람은 정신이 돌아버렸고 정상인 사람은 네 명이 되고말았던 셈입니다.

이런 이야기를 하면서 겐뻬이 영감은 목이 타는지 몇 번이고 물이며 술을 마셨다.

"아, 싫다, 싫다. 생각하기도 싫은 일이다."

고 하면서 하나 하나를 생각해 내어 지껄여 주었던 것입니다.

자살에 뒤이은 자살

선생, 이야기는 이제 조금이면 끝나니까요. 시간을 뭐 그리 신경쓰지 말아 주세요. 어두워져 왔군요. 여기에 혼자서 살고 있으면 밤중에는 갖가지의 소리가 들려오는 법이지요. 보다시피 조용한 곳이니까요. 나뭇가지나 잎사귀가 바람과 대화를 하든가 벌레가 놀라다니는 소리, 그리고 혼마댁의 영들이 놀러오든가 하는 것도 알게 되었습니다요.

선생은 아까부터 저 구석 쪽에 마음이 걸리시나 보죠. 과연 무언가를 느끼시는군요. 저기에는 나라님의 영이 곧잘 놀러와 있는 곳입니다요. 뭐, 놀라게 하는 것은 그 쯤으로 해두겠어요. 좀더 서둘러 이야기를 진행시킵시다. 괜찮겠습니까, 지금까지와 같은 가락으로서 …. 그렇다면 내 뜻대로 하도록 하겠습니다요.

료스께 나리와 후미 아가씨는 병원에 들어가 치료를 받고 있었습니다. 병원에 들어가고서 부터는 둘다 얌전해지고 특히 료스께 나리는 발작도 나타나지 않아 이대로라면 1년 이내에 퇴원할 수 있다고 선생님이 말씀하실 정도였습니다. 그러나 가족쪽이 지쳐 있었지요. 1947년에 치요 마님이 쓰러졌고 이어 이듬해에는 다케시 도령이 쓰러지고 말았던 거예요.

마님은 이제까지의 심로(心勞)가 쌓여 심신이 모두 지칠대로 지치고 말았던지 병석에 눕고야 말았던 거지요.

도령님은 어느날 갑자기 눈에 보이지 않는 무언가에 시달리기나 한것처럼 괴롭게 신음하고 쓰러졌던 거예요.

너무나도 한정없이 계속되는 사건에 어지간히 억센 히데오 나리도 이것저것 마음 아파하며 갖가지의 사람에게 제령을 부탁하든가 축원을 드리든가 했지요. 그러나 어느 것이나 효험은 없는 모양이었어 요.

어느날, 자기의 방에서 위스키를 마셔가며 궁리를 하던 히데오 나리는 섬뜩하며 일어 섰습니다.

"그 수행자이다!"

그렇게 외치더니 2년 전의 정월에 저택에서 숙박한 적이 있는 수행자의 거처를 찾기 시작했습니다. 어떻게든지 연락을 하여 다시 한번 와달라고 생각했던 거지요. 그 수행자라면 해결할 수 있다고 생각했나 보지요. 그러나 행자의 행방은 알 수 없었습니다.

"그림의 탈이다…."

히데오 나리는 수행자에 연락이 닿지 않는다는 것을 알자, 수행자가 남기고 간 말을 생각해 내고 그 그림을 찾아내기 위해 다시 온갖 손을 쓰기 시작했습니다.

"여러가지로 할 일이 있다고는 생각되지만, 너희들의 손으로 어떻게든지 그 그림을 찾아내도록 해다오. 찾아낸 사람에겐 특별 상금을 주겠다. 그 그림이 발견되기만 하면 본래의 혼마가로 돌아갈 수 있는 거다."

히데오 나리는 그렇게 철석같이 믿고 있는 모양이었지요. 우리들은 다시 필사적이 되어 '피로 그려진 그림'을 찾기 시작했습니다. 2년 전에 찾은 곳도 한번 더 꼼꼼히 찾았습니다. 광속이며 헛간, 벽장, 골방, 그리고 장농 속까지 하나 하나 바닥에 깐 종이를 들쳐가

면서 까지 찾았습니다. 그것은 정말로 철저히 실시되었던 거예요. 그러나 그림은 발견되지 않았습니다.

1949년이 되었습니다. 히데오 나리의 장남 야스시 도령은 애당초 신경질적인 성격인데, 평소 친구나 주위 사람들로부터 '저주된 집의 사람'으로 보이든가 여겨지든가 하는 일을 몹시 신경쓰고 있었습니다.

학교의 친구들만 하여도 모두 꺼림칙하게 여기며 사귀는 것을 피하게 되었던 거예요. 할수 없이 낚싯줄을 좋아하던 도령은 조금 떨어진 고랑까지 가서 낚시 동호회에 들어가 마음의 상처를 달래고 있었습니다.

그와 같이 고생하여 만든 친구도 야스시 도령이 본마가, 저 혼마댁의 가족이며 혼마댁에서 일어난 일들을 이윽고 알게 되자, 밀어지고마는 것이었지요. 그것은 정말이지 우리들이 보아도 너무나 가엾은 일이었습니다.

야스시 도령은 조금도 이상한 데가 없고 온순한 성격의 착한 소년이었지요. 혼마댁의 일족이라는 것만으로 그와 같은 취급을 받는 것은 다감한 소년으로선 너무도 잔혹한 일이었지요.

"모두들 나를 흰 눈동자로 보고 있어!"

야스시 도령은 곧잘 그런 말을 하고서는 아버지인 히데오 나리에게 울면서 호소하곤 했었지요. 그러나 이것만은 나리님으로서도 어쩔 수 없는 문제였습니다. 자칫 아들의 친구집에 항의하러 가든가 하면, 나리님까지 미치광이 취급을 당하는 것은 불을 보듯 뻔한 일이었기 때문입니다.

1949년 9월의 일입니다. 주위의 그와 같은 냉랭한 취급에 야스시 도령은 마침내 견딜 수가 없게 되었겠지요.

낚시질을 간다고 나가서 절벽에서 투신 자살을 하고 말았던 거예요. 예, 두발을 묶고 낚시 도구나 신발은 가지런히 암초 지대에 놔두고 있었으므로 자실인 것만은 틀림없었지요.

그러나 사흘 뒤에 해안에 떠밀린 도령의 유해는 어찌된 까닭인지 인상이 완전히 바뀌고, 그리고 온몸의 피는 거의 없어져 있었습니다.

이 야스시 도령의 자살이 다시금 이웃 사람들의 소문으로서 알맞은 이야기거리가 되었던 겁니다. 하기야 그것도 어쩔 수 없는 일일지도 모릅니다만.

"그것은 미쳤기 때문에 죽은 거야."

"저주가 가해져 바다에 떨어졌을테지."

"친아버지 히데오 나리가 밀어서 떨어뜨렸다는 이야기도 있데."

사람들은 멋대로 이야기를 만들어 입방아를 찧고 있었습니다. 정말이지 세상이란 것은 무책임한 것이지요.

진실이란 당사자와 그것에 극히 가까운 사람밖에 모르는 거예요. 그렇건만 이야기를 재미있게 만들기 위해, 아무튼 타인의 불행이란 재미난 화제거리이니까요…. 그렇긴 하더라도 당시엔 너무 심한 소문들이 떠돌았습니다요.

입원하고 있던 료스께 나리와 후미 아가씨는 그 무렵 퇴원하여 집에 돌아왔습니다.

"이이상 좋아지지도 않고 나빠지지도 않는다. 광포한 짓은 이제 두번 다시 하지 않으리라."

고 하는 게 의사의 이야기였습니다. 집에 돌아온 두사람은 산송장이라고 할 상태였지요. 보통의 대화도 않고서 단지 먹고 잠잘 뿐이었어요.

두사람이 집에 돌아온 무렵부터 치요 마님의 고통이 심해졌습니다. 온몸의 근육이나 신경이 아픈 모양으로 그것은 참으로 심한 고통이었지요. 의사 선생이 매일 와주어 주사를 놓든가 약을 주든가 했지만, 조금도 효험은 없고 아픔은 약해지지 않았지요.

"겐뻬이, 겐뻬이!"

아픔 중에서 마님은 나를 불렀습니다.

"겐뻬이, 제발 부탁이니 죽여.주어요. 이제 아픔이 심하여 참고 있는데도 진력이 났어요."

이 말을 하는 동안에도 온몸에 아픔이 있는지, 마님은 금방 숨이라도 넘어갈듯이 침구에서 몸을 가만히 두지를 못하는 것이었습니다. 그러나 아무리 그렇고 마님의 부탁이라 할지라도 그것에는 응할 수가 없었지요.

마님의 아픔은 도무지 약해지지 않았지만, 하루중에 서너 시간만은 그럭저럭 아픔도 수그러들고 그 사이에 잠을 자든가 식사를 들든가 하는 상태였습니다. 그러나 연일의 수면 부족과 식욕 부진으로 마님은 보기에도 애처로울만큼 여위고 말았습니다. 거의 뼈와 가죽만의 것이라 해도 좋을만큼 삐쩍 말랐지요. 그리하여 아픔에 견디다 못하여 떼굴떼굴 구르는 거예요. 저는 보고있기도 가엾어서 마님이 바라는대로 죽게 해드리는 편이 편하게 해드리는 것이 아닐까 하며 몇 번이나 생각했을까요….

그러는 사이 마님의 아픔이 엷어지는 시간이 좀 길어졌습니다.

나는 그때 마님의 소망대로 해드리지 않아 잘 했다고 곰곰 생각했었지요. 그렇군요. 하루중 편한 시간이 일곱여덟시간은 있게 되었습지요.

"마님, 이대로라면 점점 좋아집니다요."

내가 그렇게 말하며 격려했더니 마님은 생긋 웃고서,

"겐뻬이, 고마워"

하는 것이었습니다. 그러나 그것도 극히 짧은 몇 달간 뿐이었습니다. 다시 심한 아픔으로 이번에는 하루종일 거의 쉴새없이 시달려 잠들사이도 없게 되었습니다. 그리하여 1951년 3월에 치요 마님은 아픔에 견디다 못해서인지, 마침내 방에서 목을 메고 자살했던 겁니다.

겐뻬이 영감은 거기까지 말하자 다시 차를 가져 오기 위해 자리에서 일어섰다.

이제 완전히 한밤중이 되어 있었다.

혼마댁의 '유령궁전은 어둠의 정적에 싸여 어딘지 무시무시한 분위기를 자아내고 있었다. 더욱이 안개비가 때마침 내리고 있었다. 그렇지 않아도 으스스한 것이 기분이 나쁜 데 무대 효과가 모두 갖추어진 것처럼 느껴져 그만 몸서리가 처지는 것이었다.

독 속에서 '피로 그려진 그림'

그와 같은 이유로서 서기 1955년이 되자 혼마가 댁에서 남은 것은 산 송장과 같은 료스께 나리와 후미 아가씨, 그리고 히데오 나리, 세사람만이 되고 말았던 거예요. 더욱이 심신의 피로에서인지 히데오 나리까지 자리에 눕기 쉬워져 이미 혼마가는 멸망의 일보 직전까지 와 있었습니다.

히데오 나리가 하고 있던 사업도 수년 전부터 차츰 축소되고 있었지요. 다른 사람의 손에 맡길 수 있는 것은 맡기고 넘겨 줄 것은 넘겨준 셈이지요. 왜냐하면 료스께 나리에 관한 갖가지의 소문이 퍼지자 사업상에도 여러가지로 지장을 가져 오기 시작했던 겁니다. 참으로 화가 나는 일이 아니겠어요! 사업에까지 세상은 쌀쌀하게 대하게 된 셈입니다요.

하기야 사업을 그만 두어도 혼마댁은 생활에 곤란을 받는 일은 없었습니다. 그 점만은 혜택이 있었다고 하겠습니다요. 그리고서 얼마동안은 그대로인 상태로서 일도 없이 생활이 계속되었습니다. 그러나 병이 잦아진 히데오 나리와 폐인이 되어버린 두사람에게 그것이 무슨 의미가 있겠어요?

글쎄, 그렇지가 않겠어요. 다만 생명이 이어져 있다는 것뿐입니다. 참으로 살고 있다고 하자면 기쁨도 슬픔도 그밖에 갖가지인 감정도 풍부히 느끼고 있잖으면 안됩니다. 그러나 전후의 10여년 동안이란 혼마가의 사람들은 슬픔뿐으로서 기쁨은 아무 것도 없고, 그리하여 지금으로선 그와 같은 감정의 기복조차 느끼지 않게 되고 만 셈이니까요.

서기 1964년 11월에 나는 무언가의 일로서 대청 밑을 파지 않으면 안되었습니다. 무슨 일인지 잊어버리고 말았지만. 그리하여 찾아냈던 거예요. 예, 그 그림 말이지요. 마루 밑을 파고 있던 나의 삽 끝에 무언지 단단한 것이 부딪쳤습니다. 파내고서 보았더니 그것은 오래된 큰 독이었습니다.

"이런 곳에 무엇일까."

어쩌면 혼마댁 조상의 보물을 발굴하게 된 것이 아닐까, 속으로 그렇게 생각했습니다요. 하하하, 내 자신 욕심이 많다고 할까요.

독을 끌어내고 뚜껑처럼 채워진 것을 꺼내버리자 그림이 나왔던 거예요. 그것은 거의 그때의 수행자가 말한대로의 그림이었습니다. 오랜 선화지에 피로서 자화상이 그려져 있고, 그려진지 상당한 세월이 흘렀건만 핏빛은 선명하고 아직도 생생한 느낌이었던 거예요. 그 그림을 히데오 나리가 절로 가져 갔고 부정을 없애게 한 뒤 절에

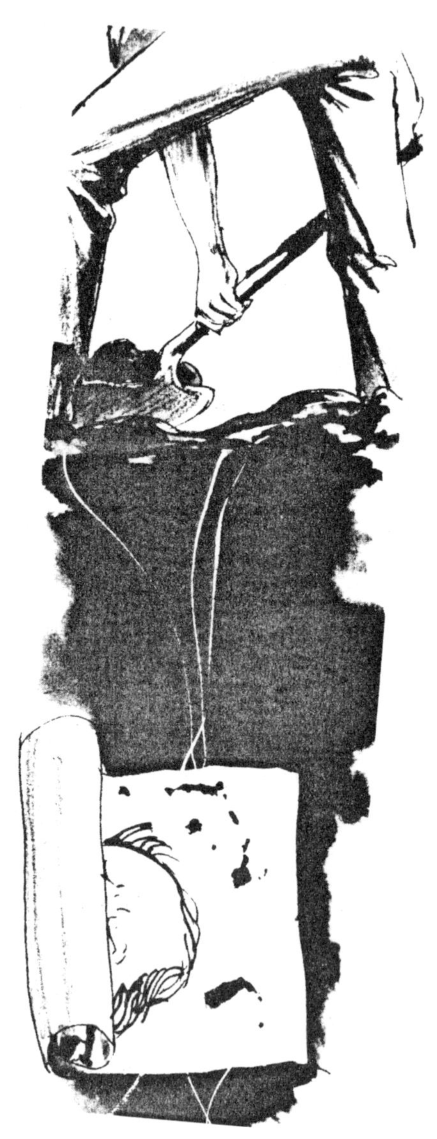

서 처분하도록 했었지요. 그러나 그림을 찾아내는 게 늦었습니다.

그때가 되어서는 히데오 나리를 제외하고서는 모두 그 그림을 그린 자의 악령으로 저주되고 난 뒤였으니까요. 그럼에도 히데오 나리는 그림을 발견한 일로서 몹시 기뻐했습니다.

"이것으로서 형님과 후미는 좋아질지도 모르겠는걸"

라며 당신도 원기를 되찾은 느낌이었지요. 사업을 할 수 있기까지 원기를 찾은 것은 아니었지만 병석에 눕는 일은 없었고 집안의 자질구레한 일을 처리하든가 정원수를 불러다가 식목(植木)이며 정원의 손질을 지시하든가 하며, 그제까지의 나리님 태도로선 생각할 수 없을 만큼 원기있고 쾌활해지셨던 겁니다. 나도 오마키 할멈도 오랫만에 마음이 환해졌었지요. 그러나 오마키 할멈은 벌써 77세나 되어 있었고 거의 일도 못하게 되어 있었지요. 오마키 할머니는 나이먹어 히데오 나리에게 폐가 된다면서 그만 두겠다고 했는데, 할머니가 갈곳도 없음을 나리님은 알고 있었으므로 저택에 그대로 있게 해주었던 겁니다.

히데오 나리는 잔소리가 많은 사람이었지만 그런 반면 오래도록 일한 사람에 대해서는 다정한 일면을 갖고 있었지요. 히데오 나리는 희망으로 불타며 료스께 나리와 후미 아가씨가 회복되는 것을 1년 이상이나 기대하며 기다리고 있었던 겁니다. 그러나 료스께 나리도 아가씨도 도무지 좋아지지 않고 여전히 나날을 단지 먹고 잘 뿐의 생활을 계속하고 있었습니다요. 히데오 나리는 그런 두사람에게 갖가지의 자극을 주며 감정을 갖도록 노력을 했지요. 여러가지의 방법을 썼지만 효과는 없었습니다.

그것은 1966년 3월이 일입니다. 밤이 되어 히데오 나리는 저를 불렀습니다.

"겐뻬이, 힘들게 그림을 발견해 주었지만 때가 이미 늦었던 모양이다."

히데오 나리는 골똘히 생각한 모양으로 그렇게 말하는 거예요.

그 말의 울림에서 나는 불길한 느낌을 받았습니다. 히데오 나리는 무언가 결심하고 있는 것 같았으니까요.

"그런 건 아직 말할 수 없습니다요. 이제부터 좋아질지도 모릅니다. 시간이 걸리겠지요."

나는 열심히 말했습니다. 히데오 나리는 고개를 내내 흔들었습니다.

"고맙다. 겐뻬이. 너의 그 마음은 기쁘다. 그러나 나는 지치고 말았다. 지난 21년 동안에 생각하고 싶지않은 끔찍한 일들이 너무도 계속되었지. 참으로 인간의 힘으로선 어쩔 수도 없는 그와 같은 일이 있을줄은 자기가 그 속에 있으면서 경험해 보지 않으면 모르는 일이야."

히데오 나리는 그렇듯 일련의 일들을 비로소 이야기하기 시작했던 거예요. 제가 생각하고 있던 이상으로 나리님에게 있어선 충격적인 사건이었습니다. 나리님은 이야기하면서 감회가 깊은 듯 그런 추억을 되씹고 있는 모양이었습니다.

"이봐, 겐뻬이. 내가 제일 분한 것은 이 사이 죽어 간 자들이 모두 자기의 의지로 죽음을 택하든가 부주의나 병으로 죽은 것이 아니라는 것이라네. 물론 다른 사람들, 세상의 사람들에게 이야기해도 그것은 믿어줄 리가 없지만 모두들 자살이나 병사이니까 말야. 그런데 그렇지 않다는 것은 나도, 그리고 겐뻬이 너도 알고 있을 것이다. 그것이 분해 견딜 수가 없단 말이다."

나리님은 실제로 눈물을 글썽거리면서 이야기를 하고 있었습니다. 그런 나리님을 나는 어떻게 위로해야 좋을지 몰랐습니다.

"그렇다네. 겐뻬이. 나는 지치고 말았다네."

"그런 말씀을, 나리님!"

"아냐, 그렇다니까. 이것이 사업이라든가 다른 일로 자기가 노력하여 어떻게든가 될 수 있다면 나도 지지는 않겠다. 그러나 나의 힘으로선 어쩔 수도 없지. 이것은 겐뻬이, 어떻게 할 수가 없는 일일

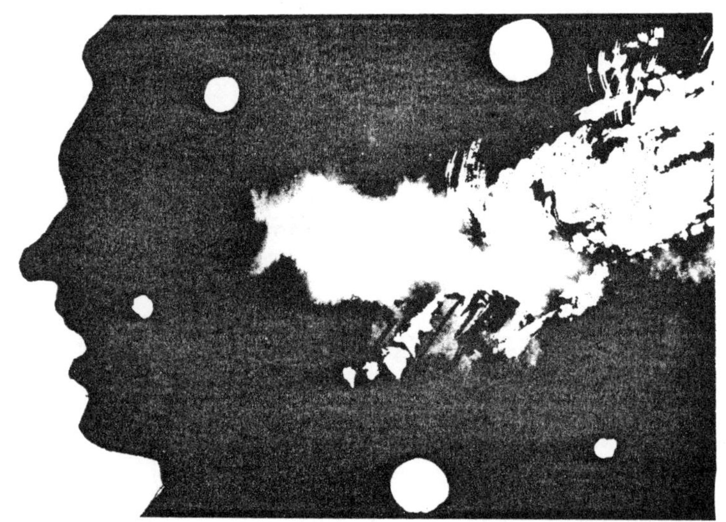

세."

나리님은 그렇게 말하고서 나의 얼굴을 말끄러미 응시했습니다.

"겐뻬이, 너와 오마키의 두사람은 정말로 잘 혼마집을 섬겨 주었었지."

"아아뇨, 그런 일. 죄송한 말씀입니다."

"아냐, 정말이다. 오마키도 이제 앞날이 멀지는 않을테지. 오마키 할멈에 대해선 제대로 잘 해주게. 아니다, 아무런 말도 하지 않겠네. 나는 결심했네. 우리들이 없어져 만일 무슨 일이 있어도 겐뻬이, 네가 모든 것을 제대로 해줄테지?"

"그런! 나리님!"

나는 그렇게 말을 듣고서 어떻게 대답을 하면 좋을까요.

"겐뻬이, 부탁한다!"

나리님은 여전히 정면으로 나의 얼굴을 보고서 그렇게 말했던 거예요. 그때의 나리님 얼굴은 치요 마님이 나를 향해,

"죽게 해줘!"

라고 했을 때의 표정과 아주 닮아 있었습니다. 그날부터 3일 뒤에 나는 히데오 나리의 볼일로서 다테야마(館山)까지 갔습니다.

예, 그런 일이 있었으니까 나도 히데오 나리의 일이 걱정되어 나리의 행동엔 각별히 주의하고 있었지만, 이것저것 매일처럼 심부름을 하게 되어 외출하는 일이 많았던 겁니다. 너무 긴 시간 집을 비우는 일은 걱정되어 서둘러 돌아오고 있었지만, 그때까지는 아무런 일도 일어나지 않았으므로 긴장이 풀렸던 일도 있었는지 모릅니다.

없는 동안에 히데오 나리는 산송장과도 같은 료스께 나리와 후미 아가씨를 헛간의 기둥에 결박하고 그곳에 불질러 당신도 죽음을 택했던 것입니다.

내가 다테야마에서 돌아와서 저택에 다가가자 많은 사람들이 떠들고 있으며 소방차가 3대나 와 있었습니다.

"무슨 일입니까?"

가까이 있는 사람에게 물었더니,

"겐뻬이씨요. 헛간에서 불이 났다더군."

하는 게 아니겠어요. 그것을 들었을 뿐, 나로선 히데오 나리가 전부터 결심한 것을 실행했구나 하고 퍼뜩 깨달았습니다.

나는 울면서 세사람의 뼈를 주웠습니다. 내가 79세 때였지요.

나리님의 뒤를 쫓듯이 오마키 할멈도 그 1주일 뒤에 숨을 거두었습니다. 나리님은 나로선 엄청난 유산을 남겨 주었습니다. 그러나 나에겐 처자도 없고 친척도 없습니다. 아무것도 않고서 이대로 나리님들의 영을 위로하고 이 저택과 함께 썩어 가리라고 생각합니다요. 어떻습니까, 이것이 혼마댁의 일족이 전멸하기 까지의 이야기이죠. 이 나이가 되다보니 얼마쯤 분명하지가 않은 점도 있지만 대강은 맞는다고 생각합니다.

세상의 사람들이 지금 이 저택을 '귀신 궁전'이라 부르고 나에 대해선 영과 함께 사는 미치광이라고 생각하는 것은 알고 있습니다. 그러나 세상 사람들이 무엇을 안다는 것입니까? 이 저택에서 일어난 저주스런 사건이 어떠한 것이었는지 어떤 기회에 알게 된다면, 세상의 녀석들은 비로소 자기의 어리석음을 알겠지요.

그렇게 말하며 겐뻬이 영감은 이야기를 끝냈다.

이 이야기를 듣고났을 때 이미 해돋이의 시간이 가까와져 있었다. 모든 것을 말하고 난 겐뻬이 영감이 만족한 듯이 어깨의 힘을 뺏을 때, 그때까지 줄곧 신경이 쓰였던 방의 한구석이 한순간이긴 하지만 마음의 탓인지 밝아진 것 같은 느낌이 들었다.

허지만, 그것은 신경의 탓이 아닐 것이다. 틀림없이 료스께씨나 히데오씨의 영이 겐뻬이 영감의 이야기를 함께 듣고 있었으리라. 그럴 것이 틀림없다.

이 이야기를 들은 것은 수년 전의 일로서, 지금 겐뻬이 영감이 어떻게 되었는지는 모른다.

2. 야무사의 악령

—구귀족 나가노 가문 3대의 비극—

검붉은 반점이 생기는 기병

넓은 잔디밭에서 두 어린이와 강아지가 뛰어놀고 있었다.

"누나, 꼬로는 공을 물고 와?"

아홉살이 되는 토모야라는 남자 아이가 누나인 미하루에게 물었다. 미하루는 12세였다.

토모야가 말한 꼬로라는 개는 강아지로서 잡종이었다.

중학교에 들어간 미하루가 학교의 하교길에서 어떤 집의 울타리에 가느다란 끈으로 매어진 채 옆에 '귀여워 해주는 사람에게 드리겠습니다.'고 쪽지가 있음을 발견했던 것이다.

처음엔 단지 가엾다 생각하고서 친구와 함께 강아지와 놀고 있었다. 그러는 사이에 어떤 까닭인지 그 버려진 개는 미하루만 몹시 따르기 시작했다.

다른 어린이에게도 응석하며 달라붙기는 하지만 미하루에 대해서는 마치 어미개에 응석부리듯 몸을 비벼대고 발이나 손을 핥는 것이었다.

"어머, 미하루만 좋아해."

친구가 그렇게 말했다.

"틀림없이 미하루와 살고 싶은 거야."

"그래, 맞아. 서로 마음이 맞는 거야."

모두들 멋대로 그렇게 말하는 것이었다. 그러자 미하루도 웬지

모르게 그런 마음이 되었다.

"안돼요. 그런 잡종의 버림받은 개 따위!"

짐작한 대로 어머니는 그렇게 말했다.

"내가 제대로 돌봐주겠어. 그러니까 제발! 괜찮겠죠. 엄마?"

미하루는 필사적으로 부탁했다. 꾸지람을 받자 눈물을 글썽이며 졸랐다.

"그럼 아버님이 좋다고 허락하시면 길러도 좋아요."

미하루의 열의에 진 것처럼 어머니는 그렇게 말했고, 어떻게 될까 하며 마른 침을 삼켜가며 귀를 기울이고 있던 토모야는 그 한마디로 만세를 부를 것만 같은 태도로서 방에 들어왔다.

"잘 됐어. 잘 됐어. 누나!"

"토모야, 그게 무슨 말투이지요. 누나라는 말을 쓰다니?"

"네, 어머님. 누님, 잘 됐어요."

토모야는 말투를 고쳤다.

미하루는 아버지를 승낙시키는 데는 자신이 있었다. 무엇보다도 미하루나 토모야에게 다정한 아버지였다. 그러므로 열심히 부탁하면 어떻게든가 될 것이었다.

그날 밤 귀가한 아버지 나가노 교스께(長野京介) 씨에게 미하루와 토모야는 열심히 졸랐다.

"제대로 운동도 시키고 개집의 소제도 우리들이 할테니까, 아버지 허락해 주세요!"

"저도 열심히 하겠어요."

두사람은 평소부터 말투만을 엄하게 교육받고 있었기 때문에 또박또박 말했다.

"좋아, 너희들 둘이서라면 좋겠지. 토모야의 건강을 위해서도 개하고 노는 것이 좋을 거다."

아버지는 그렇게 말하며 허락해 주었던 것이었다.

강아지에는 꼬로라는 이름이 지어졌다. 토모야가 지었던 것이다.

그리하여 이날은 개를 주워 온지 첫번째의 일요일이었다.

누나와 동생은 아침 식사를 끝내자 곧 넓은 뜰로 나가서 꼬로와 뛰어다니고 있었던 것이다.

토모야가 공을 던진다. 그러면 꼬로는 그 공을 열심히 쫓아갔고 따라잡는다. 공을 입에 문다.

"보라구, 입에 물었어."

토모야는 기쁜듯이 환성을 올린다. 하나 꼬로는 미하루와 토모야가 아무리 큰 목소리로 불러도 두사람 쪽으로는 돌아오려 하지 않는 것이다.

공을 문채 잔디밭을 여기저기 기뻐하며 뛰어다닌다.

"안돼. 꼬로. 이리 가져 오지 않으면, 꼬로, 이리와요."

동생과 누나는 번갈아 외쳤고 꼬로 쪽으로 뛰어 갔다. 그랬더니 꼬로는 재미있어 하면서 공을 문채 도망치는 것이었다.

그런 미소가 떠오르는 광경을 배란다에서 아버지와 어머니는 바라보고 있었다.

"요시꼬(美子), 저것을 보라구, 토모야가 저렇듯 즐거운 듯이 뛰어다니고 있어 저 아이의 병에 좋은 결과가 생길지도 모르겠어."

요시꼬라고 불린 어머니는 금년에 38세가 되어 있었다. 그럼에도 서른 살이 되었을 정도로 밖에 보이지 않는다. 얼굴 생김이 이른바 미인이고 젊게 꾸미고 있기 때문이다.

나가노 교스께씨는 모 일류 전기 메이커의 이사로서, 이 저택은 오사카 변두리의 고급 주택지에 있고 300평이 넘는 넓은 뜰을 가진 큰 저택이라 해도 좋은 집이었다.

까닭인즉 나가노 가문은 귀족의 핏줄을 이어받고 있는 명문 출신으로 부자 3대에 걸쳐 같은 회사의 중역을 맡고 있었다.

나가노씨의 재능과 인격은 사내뿐 아니라 업계에서도 높이 평가되고 있으며 선배, 후배만이 아니고 넓은 재계나 경제 담당의 신문기자 등의 신뢰도 두터웠다. 따라서 남과의 교제 범위도 넓고 일요일이라고 해서 한가롭게 가정 서비스를 할 수 있는 날이 적었다.

그의 아내는 같은 전기 메이커의 중역 딸로서 미국에 유학한 적도 있는 현대적인 재녀(才女)였다. 밝고 외교적인 성격으로서 남과의 붙임성도 좋고 게다가 화술(話術)이 뛰어났기 때문에 나가노씨는 '우리집의 외교관'이라 부르고 있었다.

이런 밝은 가정, 네식구인 가정에 단 하나의 검은 그림자가 있었다. 그것은 토모야의 '기병(奇病)'이었다.

하지만 그 기병의 발작이 없을 때의 토모야는 원기왕성한 사내아이로서 병약한 것도 아니었다.

그런 '기병'은 토모야에게 별안간 나타난 것은 아니었다. 아버지인 교스께씨도 그리고 할아버지인 고사부로(條三郎)씨도 기병을 갖고 있었다. 조부는 그 병이 원인으로 죽었다고 하며, 아버지 또한 그 병의 발작으로 괴로워 하는 일이 1년에 몇 번 있었다.

그 기병이라는 것은 갑자기 고열이 나면서 쓰러지면 온몸에 반점이 나타나는 것이었다. 반점은 검붉고 동전 크기 정도 되기 때문에 그것이 나타나 있는 동안은 온몸의 뼈마디가 심하게 아프며, 몸부림을 치듯이 괴로워하고 게다가 땀을 흘리며, 뭐라 말할 수 없는 악취까지 풍겼다.

언제 발작이 생기는가는 본인도 주위 사람도 전혀 예측을 못했다.

불길한 구련보등(九連寶燈)

이날, 나가노 집에는 손님이 오기로 되어 있었다. 신문기자나 회사의 선전부 친구 7, 8명 와서 마작을 하기로 되어 있었다.

금요일이나 토요일엔 그런 일이 흔히 있었다. 하지만 일요일은 드문 일이었다. 왜냐하면 이날 본래대로라면 그와 같은 관계자와 골프 내기를 하기로 예정되어 있었다.

그것이 나가노씨의 사정으로 1주일 연기되고 말았다.

"모처럼 아내에게 승락을 받고 일요일을 비워 두었으니까 어떻게 좀 해주세요."

친한 경제부 기자로부터 그렇게 말을 듣자 그렇다면 오후엔 볼일이 끝나므로 집에서 마작이라도 하자는 이야기가 된 것이다.

오후에 근처에 갔다가 나가노씨는 4시에 귀가했다.

5시 경부터 손님이 모이기 시작했다. 넓은 방에 마작 테이블이 두개가 준비되고 저마다의 자리엔 위스키며 맥주가 안주와 함께 준비되었다.

"언제나 죄송합니다. 사모님. 이만큼 호화로운 마작은 이곳에서밖에 경험할 수 없으니까요."

기자인 아마우찌가 큰 목소리로 요시꼬 부인에게 말했다.

"사모님, 저 친구는 입으로는 저렇게 말해도 마음 속으로는 조금도 미안하다는 생각이 없어요. 언제나 실컷 마시고 돈을 따갖고 돌아가니까."

야마우찌와는 라이벌인 신문사의 오까와우찌(大河內)가 역시 만성(蠻聲)을 냈다.

"그건 그래."

등등 여기저기서 한마디씩 했고 떠들썩하니 마작이 시작되었다.

그날 나가노는 컨디션이 좋아서 생각한 대로 판을 만들었다. 최초의 1회는 쉽게 톱을 차지했다.

나가노의 테이블엔 야마우찌와 부하인 사카이(坂井), 그리고 선전과장인 마쓰이(格井)가 함께 있었다.

2회전은 고전했지만 역시 톱을 차지했다.

"안 되겠어요. 시작하기 전에 그런 소리를 하여 나가노를 성나게 만들었어."

야마우찌가 호들갑스런 목소리로 말했다.

"그렇지. 나라도 진짜로 마음만 먹으면 세거든!"

나가노도 기세등등하게 그렇게 대답했다.

2회전이 끝나자 또 한 조가 끝나기를 기다려 잡담을 하면서 위스키를 마시기 시작했다. 또 한 조도 끝나고 멤버 교대가 있었다. 7시경이었다.

3회전은 광고대리점의 사쿠라이(櫻井)라는 사람과 야마우지, 그리고 선전부의 가네건(金子)이 나가노와 같은 테이블이었다.

"또 나가노와 같은 탁자입니까. 이번에는 잘 봐주세요."

"그렇게는 안될걸."

그런 농담을 해가며 게임은 진행되었다. 나가노의 긋발은 여전했다. 3회전에서 '스앙코'(四暗刻)하는 '역만관(役滿貫)'을 집었다.

"이것 안되겠어. 손을 댈 수가 없다."

라고 야마우찌는 외치고서 마시기 시작했다.

4회전이 되자 좀더 무지무지한 것이 터졌다. 느닷없이 '대삼원'(大三元)이라는 역만관에 올랐고, 다시 '구련보등'(九連寶燈)이라는 좀처럼 생기지 않는 역만관을 맞추게 되었다.

"어떻게 된 게 아닙니까. 상무."

부하인 가네꼬도 입을 딱 벌리며 말하는 것이었다.

"나가노, 조심하시라구요. 구련보등 따위로 올라가면 무언가 좋지 않은 일이 생긴다고 하니까요. 당분간 비행기는 타시지 않는 게 좋을 거예요."

야마우찌가 농담 비슷하게 말했다. 이 '구련보등'이라는 짝패는 몇 억번에 한번밖에 되지 않는 것이므로, 마작의 본바닥인 중국에선 이런 짝패가 생기면 그 때 사용한 마작패를 태워버리고 액땜을 한다는 말까지 있을 정도다.

그날 밤은 4회 모두 톱을 차지하여 나가노는 대승했다.

마작을 시작하고서 30년 가까이 지나고 있었다. 젊은 때는 1주일에 두 번, 세 번이고 마작을 했었다. 그리고 선전과장쯤까지는 그 솜씨를 인정받아 '교제 마작'에도 곧잘 동원되었다.

하지만 그동안 하룻밤 사이 역만(役滿)을 세 번이나 오르는 일은 한번도 체험한 일이 없었다. 아니 자기 자신의 체험처럼 속임수는 별도로 하고서 그런 이야기를 들은 적도 없었다.

더욱이 3회중의 1회가 구련보등인 것이다.

나가노는 1개월 이내에 홋까이도로 출장을 가야 할 일이 생각나서 조금 꺼림칙한 느낌이 들었다.

"그런 것은 한낱 전설이야."

"나가노는 그렇게 자리에서 말했다.

죽을 때를 예언한 하녀

1973년 11월.

나가노는 홋까이도의 아사히카와(旭川)에로 출장을 갔다. 아사히카와를 중심으로 한 지역에 대해 신제품의 설명회와 판매 촉진을 위해 중요한 일이었다. 여느 때처럼 선전부장을 비롯하여 특약 광고대리점 담당 중역도 동행했다.

비행기를 탈때 퍼뜩 '구련보등'의 일이 생각났다. 그러나 그 패는 태우지 않고 그대로 놔두고 있었다. 그런 일을 신경쓴다면 한이 없다는 심정이었다.

비행기는 무사히 도착했다. 그날은 현지의 대리점 사람들 10여명과의 연석이 되었다.

아사히카와에서 이름이 알려진 요정에서의 연회였었다. 신제품에 대한 미리부터의 평판은 좋았고 대리점의 사람들에게도 인기가 높았다. 그것이 나가노의 기분을 높였다.

평소에는 별로 술의 양이 많은 편은 아니었다. 그러나 기분이 여느 때보다 술을 과하게 만들었다.

게이샤의 춤, 노래, 현지 판매점 사장들의 18번 등에 섞여 홍에 겨운 나가노도 시조를 읊었다.

홋까이도는 뭐니뭐니해도 신선한 영류가 식통(食通)의 나가노의 혀를 만족케 해주는 것이었다.

연회는 계속되었고 오후 10시경 겨우 끝났다.

회사의 젊은 사원들은 비즈니스 호텔에 묵고 있었지만 나가노와 선전부장, 그리고 비서실의 남자, 이렇게 셋은 유서있는 여관에서 숙박하기로 되어 있었다.

나가노는 여관으로 돌아갔다. 선전부장과 비서실 직원과 함께였지만, 그들에 대해 특별히 신경을 쓸 필요는 없었다.

나가노가 자기 방에 들어갔을 때 그 여관에서 일하는 여종업원 오기쿠는 나가노를 보고는 섬칫했다. 나가노에 붙어있는 영의 모습을 보던 것이다.

오기쿠로선 그와 같은 일이 흔히 있었다. 처음으로 자기의 그런 능력을 깨달은 것은 17세 때였었다.

오기쿠의 조모가 먼 친척의 집에 다니러 갔을 때, 그녀의 눈에 할머니가 물에 빠져 죽는 모습이 떠올랐다.

"할머니, 가지 말아요!"

하지만 주위의 사람들은 손녀딸이 어리광을 부리고 있는 것으로밖에 보아 주지 않았다.

"이 아이가 무슨 소리를 하는 거니…."

어머니는 그렇게 말하고 그녀를 떼어 놓았다.

조모는 친척의 집에 갔다. 그리고 하룻밤 자고서 돌아오는 도중 강에 빠져 익사하고 말았다. 그런 일이 있고서부터 오기쿠는 자기의 능력을 두려워 했다.

이윽고 그녀는 결혼하게 되었다. 옛날의 일이므로 자기 뜻에 맞는 사람은 아니고 부모가 정한 상대였다.

그 남자와 처음으로 만났을 때 얼굴에서 사상(死相)을 보았다. 이번에도 누군가에게 말하더라도 신용하지 않을 거라고 생각했다. 그래서 그녀는 그 때에 느낀 2·24라는 숫자를 종이에 쓰고 봉투에 넣자 엄중히 봉함을 하고서 시집가는 날 어머니에게 건넸다.

"이 봉투에는 남편의 죽을 때가 씌어 있습니다. 남편이 불행한

일을 만났을 때 이를 뜯어보세요."

그렇게 말하고서 어머니에게 건넸다. 결혼한 것은 1943년이었다. 일본 전역이 전쟁으로 발칵 뒤집혀 있었다. 결혼한 지도 얼마 안되어 남편은 필리핀으로 출정했다. 그리하여 패전이 가까운 4월에 남편의 전사 통지가 왔다. 2월 24일 오후 2시 25분경 전사했다는 내용이었다.

오기쿠의 어머니는 딸의 남편 전사 통지로서 딸에게서 맡겨진 봉투의 봉함을 뜯었다.

〈2 · 24〉

그 속에는 먹자국도 선명하게 뚜렷이 그렇게 씌여 있었다.

어머니는 우연——우연이라기에는 너무도 딱 들어맞는 일치에 깜짝 놀랐다.

오기쿠의 그 '능력'은 그것만이 아니었다. 자질구레한 것이라면 누구로부터 전화가 걸려오는지 미리 알았고, 여관에 거주하며 일하게 되고서 부터는 손님인 남녀의 커플 사이며, 과거를 알아맞추고 그리하여 손님이 일으킨 자살 사건 등을 모두 사전에 예지하고 있었던 것이다.

그런 오기쿠가 나가노의 영을 보고 말았던 것이다. 그녀는 그것을 다른 사람에게 말해야 좋을지 어떨지 망설였다.

망설인 끝에 여관의 주인에게만 알려 두는 편이 좋을 거라고 생각했다.

"나리님, 지금 손님에게 조금 걱정되는 일이 있습니다."

오기쿠의 그런 말에 여관 주인은 또냐, 하는 표정을 지었다. 여관에 있는 그와 같은 일은 아무래도 좋았다. 아니, 주인 자신 그녀의 '능력'에 관해선 믿고 있었다. 믿고 있었기에 오기쿠가 '느껴진 일이 있습니다'고 말을 꺼내면 어쩐지 매우 싫은 기분이 되는 것이었다.

"뭐지, 오기쿠. 또 무얼지 느꼈다는 말인가?"

"예, 그렇습니다."

“지금의 손님은 ××전기의 중역님이야. 실례가 있어선 큰일이지.”

“예, 알고 있습니다. 그러니까 나리님께 말씀드려 두는 편이 좋다 생각하고서…. “그래. 그렇다면 말해 보라.”

주인은 담배에 불을 붙이고 오기쿠의 말을 기다렸다.

“실은 그 남자 분에게 영이 들러붙어 있습니다.”

“영이란, 누구에게도 붙어 있을테지, 평소 너는 그렇게 말했잖아.”

“예, 그렇습니다. 하지만 그 분에게 붙어 있는 영은 예사로운 영이 아닙니다. 그 손님에겐 아주 무서운 영이 붙어 있는 거예요. 아마도 그 악령때문에 죽음을 당하겠지요. 그 악령은 그 분의 아버님을 죽였고 그 분의 아드님 목숨도 빼앗고 말겠지요.”

오기쿠는 눈을 감으면서 그렇게 말하는 것이었다.

괴기한 전투의 꿈

그러나 나가노는 아무렇지도 않았다. 홋까이도에 와서 3일째, 낮동안은 자사의 회의에 출석하고 저녁부터 초대연이 되어 기분 좋게 여관에 돌아왔다.

그때 ‘기병’이 일어났다. 방에 들어와 상의를 벗는 순간 돌연 뼈와 관절에 통증이 느껴졌다.

“아, 그것이다!”

나가노는 그렇게 느꼈다. 그러나 그때는 이미 늦었다. 깨닫고 보니 고열이 나고 있었다.

갑작스레 태도가 이상해진 나가노에 대해 옆에 있던 종업원 들이 놀라고 있었다.

“왜 그러시죠?”

나가노를 부축했다.

"어머, 굉장한 열."

그녀는 나가노의 이마에 손을 댔다. 이마를 짚어볼 필요도 없이 몸 전체가 뜨겁게 달아오르고 있었다.

"의사, 의사를!"

괴로운듯이 나가노는 헐떡였다. 여종업원은 서둘러 전화를 돌렸다.

"정신 차리세요. 의사 선생님이 곧 오시니까!"

여종업원은 나가노를 안정시키려 했다.

나가노는 그것에 대꾸할 기력도 없었다.

30분쯤 지나서 의사가 달려 왔다. 의사는 나가노의 용태를 보고서 응급치료를 했다. 열을 내리기 위한 치료였다. 반점이나 악취를 할반하는 땀에는 단지 고개를 갸웃뚱 할 뿐이었다.

"선생님, 염려 없을까요?"

여관의 주인이며 비서실의 남자는 걱정스런 듯이 물었다.

여종업원 오기쿠의 예지(豫知)는 적중했던 것이다. 나가노씨 아버지의 죽음도 알아 맞추고 있었으므로, 그때 여관의 주인이 이를테면 비서실의 남자에게라도 우스꽝스런 이야기지만 하며 주었으면 하고 후회스러웠다.

나가노는 괴로워 하면서 단지 잘뿐이었다. 달리 어쩔 수도 없었다. 그것은 나가노와 동행한 사람들도 마찬가지였다.

선전부장에게서 아내인 요시꼬 부인에게 사건 전모가 알려졌다.

"알았습니다. 빠른 편으로 가겠습니다."

요시꼬 부인은 꿋꿋하게도 그렇게 말했다. 그런 요시꼬 부인과 교대하듯이 비서실의 남자만을 남기고 회사의 사람이나 관계자는 오사카로 돌아갔다.

나가노는 의식이 몽롱한 가운데 요시꼬 부인의 헌신적인 간호를 받고 있었다. 그런 중에 어느 틈엔가 꿈인지 환영인지 모르는 것을 보고 있었다.

요시꼬 부인은 어떤 까닭인지 머리를 길게 늘어뜨리고 옛날의 여성같은 의상을 몸에 걸치고서 자리에 누워 있는 나가노에 대해 부지런히 간호하고, 그리고 요시꼬 부인말고도 많은 여자들이 시중을 들어주는 것이었다.

또 한가지, 고열로 신음할 때 본 환영은 옛날의 전투였다. 갑옷에 투구로 몸을 갖춘 무사들이 몇십 명이나 모였고, 그리하여 적의 무사와 긴칼이나 창으로 싸우는 것이었다.

나가노씨는 한사람의 적 무사를 뒤쫓았다. 적은 숲속으로 자꾸만 달아났다. 그것을 필사적으로 뒤쫓고 있는 사이에 적의 모습을 잃고 말았다.

그것과 비슷한 꿈이랄까 환영은 몇 번이고 되풀이 하여 보았다.

그 이튿날 밤 오사카에서 요시고 부인이 달려 왔다.

"어떠세요. 주인은?"

방에 들어서자마자 부인은 의사와 여관의 여종업원에게 물었다.

"열이 내리지 않습니다. 아무래도 드문 증상이라서 그 처치에 고민하고 있는 참입니다."

의사가 정말로 난처하다는 표정을 짓고 부인에게 알렸다.

"그렇습니까."

부인은 어깨를 축 늘어뜨렸다. 생각한 대로 역시 그 기병이었다. 요즘 오랫동안 나타나지 않아 안심함과 함께 슬슬 발작이 일어나는 게 아닐까 하는 불안이 언제나 있었던 것이다.

여관의 주인은 오기쿠가 본 악령에 대해 말해야 할지 어떨지 고민했다.

부인은, 그날 밤은 잠도 자지를 않고 병간호를 했다. 그 갸륵한 모습을 보고서 여관의 주인은 그 일을 말하기로 결심했다.

"실은 부인, 주인님의 병은 의사 선생으로선 치료되지 않는다고 걱정하고 있지요."

그런 주인에 대해 부인은 이상하다는 표정을 지었다.

"그것은 왜죠?"

"예, 실은 우리 집 여종업원으로 오기쿠라는 자가 있습니다. 그런 오기쿠가 주인께서 쓰러지기 이틀 전에 나가노씨에게 악령이 들어붙어 있다고 말했지요."

"어머, 무슨 말인가 했더니 그런 터무니 없는 이야깁니까."

현대파의 부인으로서는 영이니 탈이니 하는 것은 우스꽝스런 미신으로서 그런 것을 믿든가 하는 건 시대에 뒤떨어진 비문명인이라는 사고방식을 갖고 있었다.

"예, 틀림없이 믿지 않으실 거라고 생각했습니다. 하지만 오기쿠는 전부터 그러한 것을 잘 맞춥니다. 주인님께서 쓰러지는 것도 그리하여 주인님의 아버님이 같은 병으로 돌아가신 일 등 오기쿠는 3일 전부터 맞추고 있는 것이지요."

"어머, 아버님의 일을 어떻게 알았을까?"

어지간한 부인도 남편의 아버지가 같은 병을 가졌고, 그것이 원인으로 사망했다는 것을 지적받자 조금은 놀랐다. 하지만 그것은 이와 같은 '기병'이니까 유전일테지 하며 상상한 결과에 지나지 않는다고 결론지었다.

모든 것을 합리적으로 생각하는 습관이 부인에는 몸에 배어 있었던 것이다. 모처럼 여관의 주인이 자기의 일처럼 걱정하며 부인에게 악령의 이야기를 해주었건만, 부인은 귀를 기울이지 않았다. 더우기 부인은 이튿날 오사카로 남편을 데리고 돌아가겠다고 말했다.

"아무리 뭣해도 그것은 안됩니다. 아직 이렇게도 열이 있지 않습니까."

의사는 필사적으로 말렸다.

"아아뇨. 데리고 돌아가겠습니다. 이 병은 제가 가장 잘 알고 있습니다. 매년 두 세번 발작이 일어나지요. 열이 내려가기 시작했다면 아무 염려 없습니다."

부인의 그 말에 구체적인 대응책을 갖고있지 않은 의사는 아무 말도 하지 못했다.

"알았습니다. 그렇다면 해열제와 영양제를 주사해 두겠습니다."

의사는 두가지의 주사를 놓았다.

오후 첫 비행기를 타기 위해 부인은 비서과 남자의 도움을 받아가며, 택시에 나가노를 태우고 공항으로 향했다.

돌연 아내의 목을 조르다

비행기는 하네다(羽田)에서 바꿔 타지 않으면 안되었다. 하네다까지 가는 동안 나가노의 용태는 안정되어 가고 있었다.

"여보, 앞으로 두시간이면 집에 도착할 수 있어요."

그렇게 말하는 요시꼬 부인의 격려에 고개를 끄덕일 만큼의 원기는 있었다. 하네다로부터 오사카 공항으로 날았고, 공항에 마중나와 있던 회사의 자동차로 자택을 향했다. 나가노씨와 요시꼬 부인은 뒷좌석에 앉아 있었다.

자동차가 센리(于里)를 넘었을 무렵, 나가노가 신음하기 시작했다.

"당신, 괜찮아요? 조금만 더 가면 돼요."

부인의 격려소리가 들리는지 들리지 않는지 신음소리는 커질 뿐이고, 더욱이 눈을 무섭게 부릅뜨며 부인을 노려보았다. 그 눈과 마주 치자 부인은 그만 몸을 떨었다.

"당신, 정신 차리세요?"

그럼에도 꿋꿋한 부인은 남편에게 말을 걸었다.

"바보들! 너희들 바보는 모두 죽어버려!!"

돌연 나가노는 무지무지한 얼굴로서 부인과 비서실의 남자, 그리고 마중 나온 부하들에 대해 욕설을 퍼부었다.

"여보, 여보!"

부인은 갑작스런 남편의 변화에 어쩔 줄을 몰랐다.

"구데기 같으니……."

나가노는 부인을 노려보더니 아내의 목에 손을 뻗쳤다. 그리고는 목을 움켜잡자 조르려고 했다.

자동차를 세우려고 해도 세울 곳이 없었다. 고속도로를 달리고 있었기 때문이다.

"여보."

목을 졸리면서도 요시꼬 부인은 필사적으로 남편을 제정신으로 돌리고자 힘썼다. 그러나 나가노의 태도는 바뀌지 않았다. 요시꼬 부인의 목을 조르는 손에 힘이 가해졌다. 부인은 그 손을 필사적으로 뿌리치려고 했다. 그러나 보통이라도 남자와 여자의 힘엔 차이가 있는데 그 때의 나가노에는 광기의 힘이 가해져 있어 끔쩍도 하지 않았다.

앞좌석에서 비서실 직원이 몸을 내밀어 나가노를 제지하려고 했다. 그러나 마중하러 나온 차는 회사의 중역용 외제 차였기 때문에 손이 닿지를 않았다.

비서실 직원이 등받이를 넘어 갔다. 그리하여 나가노를 뒤로부터 끌어안고 말리려고 했다.

부인과 나가노와 비서실 직원 세사람이 몸싸움을 했다. 가까스로 나가노의 손이 부인이 몸에서 떨어졌다.

나가노는 여전히 성난 형상(形相)으로 심한 욕설을 해가면서 부인에게 다시금 덤벼들려 하고 있었다.

"당신, 정신을 차리세요."

부인은 같은 말을 되풀이 할 뿐이었다. 이제까지 몇 번인가 발작은 있었지만 이렇듯 광란을 한 적은 없었다. 그러므로 어찌해야 좋을지 몰랐다.

계속 덤벼드는 나가노의 폭력을 억제하는데 정신이 없었다.

세사람이 몸싸움을 하는 사이에 자동차의 문이 열렸다. 그리하여 나가노씨는 달리는 자동차에서 떨어졌고, 더욱이 운도 나쁘게 뒤쫓아 오던 차에 치어 즉사하고 말았다.

조부도 아버지도 같은 변사였다

요시꼬 부인은 남편인 나가노 교스께씨의 죽음은 자기의 탓이라고 믿었다. 직접 자기가 손을 댄 것은 아니었지만, 자기의 몸을 지키려 했기 때문에 남편은 죽고 말았던 것이다.

그것은 너무나도 조부인 고사부로의 죽음의 상황과 닮았다.

조부 고사부로는 패전 직후인 1947년에 몇번인가의 발작이 엄습하였다. 조모나 하인이며 하녀들이 날뛰는 고사부로를 진정시키려고 했다.

그때까지의 발작으로선 날뛰는 일이 없었다. 그런 만큼 갑작스런 상태에 모두들 어떻게 대처해야 좋을지 판단을 할 수 없었다.

고사부로는 닥치는대로 가구를 쓰러뜨리고 물건을 던졌으며 그만두게 하려고 접근하는 자를 떠밀든가 하며 손을 댈 수가 없었다. 얼마동안은 길길이 날뛰는 것을 지켜볼 수 밖에 없었다.

그러다가 지칠테지, 하고 하인이 말했고 그때 제압할 작정이었다. 어디에 에네르기가 숨어 있는지 고사부로의 기세는 30분이 지나도 수그러 들지 않았다. 여전히 닥치는 데로 물건을 던졌고, 소파나 책장까지 쓰러뜨려 책을 던지든가 파기 시작했다.

"당신, 정신 차리세요."

조모가 고사부로에게 용기를 내어 달려 들었다.

고사부로는 무지무지한 형상으로 그런 조모를 노려보았다.

"벌레같으니!"

그렇게 쏘아붙이더니 조모를 뿌리치고자 했다. 그러나 조모는 필사적으로 매달리고 있었다. 그때문에 두 사람의 몸뚱이는 얽힌 채 2층의 베란다 쪽으로 나아 갔다.

조모는 자기가 어디에 있는지를 몰랐을게 분명하다. 고사부로에 한사코 매달리고 얼굴을 그 몸에 밀어붙이고 있었기 때문이다.

다시 고사부로는 조모를 뿌리치려고 했다. 바로 그때 조모가 고사부로의 몸에서 떨어졌다.

이때문에 고사부씨는 뿌리치고자 한 힘이 허공을 쳤다. 그리하여 밸런스를 잃고서 베란다로부터 떨어졌고 아래쪽 연못 가장자리에 있는 바위에 머리를 부딪치고 즉사하고 말았던 것이다.

조모는 고사부로의 죽음은 자기의 책임이라고 강하게 믿었다. 그리하여 고사부로의 49제가 끝나자 자살해 버렸다.

이런 조부와 조모의 이야기는 나가노 가문에서 금기로 되어 있었다.

당시의 자세한 일을 알고 있는 사람은 아무도 없었다. 나가노 교스께는 23세가 되어 있었으므로 당연히 알고 있었다. 경찰의 조사로선 조부의 간질병 발작에 의한 사고라는 것으로 처리되고 있었지만, 구귀족인 나가노가에 있어서는 저주스런 사건이었다. 따라서 이 이야기를 요시꼬 부인은 몰랐었다. 조부모는 사고로 사망했다고 밖에 알려져 있지 않았었다.

만일 남편의 죽음이 조부의 그것과 상황이 너무나도 닮고 있음을 알았다면 현대적이고 현실주의자인 요시꼬 부인도 좀더 다른 각도에서 이 기병을 대하고 있을지도 몰랐었다.

남편인 나가노 교스께씨가 죽고 나서 요시꼬 부인은 당분간 얼이 빠진 것처럼 아무것도 할 기력도 없이 다만 나날을 보내고 있었다.

없고 나서야 비로소 남편의 존재의 위대함을 절감한 듯한 느낌이 들었다.

회사 쪽에서도 한창 일할 나이의 중역을 갑자기 잃는 상처는 컸었다.

나가노 댁에는 조문객이 끊일 사이가 없었다. 그때문에 처음 한 동안은 총무과와 비서실 직원들이 잠을 자주었다. 그리고 죽은 남편의 교제 범위의 넓음을 말해 주듯이 친구며 사업에서 친하게 지냈던 사람들이 연일 고인의 추억담에 꽃을 피웠고, 그때마다 요시꼬 부인을 새로운 눈물에 볼을 적시는 것이었다.

그러나 날이 지나자 내객의 수는 차츰 줄기 시작했다. 날이 갈수록 나가노 집은 쓸쓸함을 더해 갔다. 특히 인정(人情)이라는 게 생각되는 것이었다.

생전엔 남편을 따르고, 요시꼬 부인이나 아이들에게도 친절하게 지냈던 아부를 하던 사람들도 하나 둘 발길을 끊고 있었다.

그런 중에서 신문기자인 야마우찌(山內)만은 예전과 다름 없이 침울해지기 쉬운 요시꼬 부인과 나가노 가문에 명랑한 분위기를 가져주는 것이었다.

"오오, 토모야군. 요즘도 꼬로와 놀고 있나?"

야마우찌는 들어오자마자 토모야나 미하루에게 말을 걸며 선물을 건네 주었다. 일이나 그 자신 의 가정도 있으련만 1주일에 한번은 짧은 시간이지만 꼭 들려주었다.

그런 야마우씨에게 아이들은 친근감을 보이며,

"아저씨!"

"야마우찌 아저씨!"

하고 마치 아버지 대신을 구하듯이, 시간이 있을 때에는 자기들의 놀이 상대로 만들었다. 그러면 야마우찌도 그것을 싫어하지 않고 기꺼이 상대가 되어 주는 것이었다.

"정말이지 야마우찌가 와 주시면 집안이 밝아져…. 언제나 죄송해요."

요시꼬 부인은 그렇게 말하며 눈물짓는다. 사람의 깊은 정에 감동되었던 것이다.

"뭘요, 나가노에게 정말로 신세가 많았으니까요. 당연한 일이지요."

"하지만 다른 분들은…."

요시꼬 부인은 그만 넋두리를 하게 된다.

"바쁘겠지요. 마음 속으로는 미안하다고 생각하고 있을 거예요."

야마우찌는 남자답게 시원스럽게 말했다.

"야마우찌의 하시는 일이 훨씬 바쁘실 텐데…."

요시꼬 부인은 다시금 눈물을 짓는 것이었다.

참살된 야무사의 영

아버지 교스께가 죽고서 아이들은 최초의 두 달은 정신적인 쇼크를 받고 있었지만, 차츰 새로운 생활에 익숙해져 갔으며, 그리하여 어린이다운 자기의 세계를 구축하기 시작하고 있었다.

토요일 오후나 일요일에는 뜰에서 꼬로와 뒹굴었고 함께 어우러져 노는 광경도 볼 수 있게 되었다.

그 무렵에는 토모야가 열심히 훈련시킨 보람이 있어 공을 던지면 그것을 주워 도로 가져 오게끔 되어 있었다.

"좋아, 꼬로 잘했다!"

토모야는 주인 행세를 하며 꼬로에게 명했으며, 꼬로를 귀여워했다.

그런데 여름 방학의 어느 날, 여느 때는 주인이던 토모야에게 충실하던 꼬로가 그날은 시키는 말을 듣지 않았다. 그 뿐만이 아니고 토모야를 향해 짖어대고 털을 곤두세우기까지 했다.

"꼬로 왜 그래? 꼬로, 나야"

토모야는 강아지 꼬로에게 몇 번이고 비위를 맞추려고 했다. 하지만 꼬로는 토모야가 가까이 가자 달아나 버렸다.

그런 일이 여름 방학 동안에 몇 번인가 있었다. 꼬로의 태도는 곧 평소의 응석받이로 돌아갈 때도 있었고, 하루종일 토모야에 대해 적개심을 불태우고 있었다.

"누님, 꼬로는 왜그럴까?"

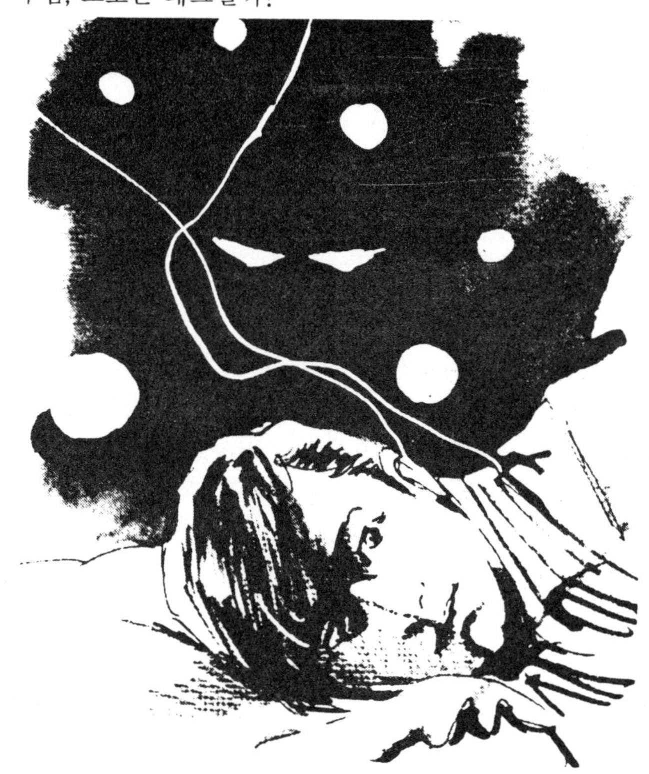

토모야는 미하루에게 꼬로의 행동을 이야기했다. 그러나 미하루는 꼬로가 그녀에게 그런 태도를 보인 일이 없었으므로,

"이상하네요. 누나에겐 여느 때와 다름 없는데…."

라고 대답했다.

어느 날 또한, 꼬로가 토모야에 대해 으르렁 거리는 소리를 내었다.

"누님, 잠깐 와 봐요!"

토모야는 미하루를 불렀다. 미하루는 급히 뛰어 왔다.

"보라구, 꼬로가 으르렁거리고 있어."

"정말이네요. 꼬로짱, 왜 그러니?"

미하루는 꼬로의 머리를 쓰다듬어 주었다. 그랬더니 꼬로는 미하루에게 응석을 부리며 손바닥을 날름거리며 핥든가 다리에 매달리는 것이었다.

"아무렇지도 않잖니?"

미하루와 꼬로의 태도를 보고서 토모야는 강아지에게 다가갔다.

"멍멍!"

그런데 토모야가 접근하자 꼬로는 으르렁거리면서 짖는게 아닌가.

"이녀석, 어째서 나한테는 짖는 거지?"

토모야는 화가 나서 주먹을 쥐었다.

"멍, 멍, 멍멍"

작지만 꼬로는 악착같이 짖었다.

"이상하네요. 꼬로야. 토모야도 몰라보니?"

미하루도 비로소 꼬로의 이상한 태도를 보고 고개를 갸웃했다.

그런 꼬로가 토모야에 대해 짖든가 성내든가 하는 횟수가 가을이 되자 더욱 늘었다.

1974년 11월 17일.

이날은 바로 나가노 교스께가 죽은 1주기였다.

오후부터 절에서 불공을 드리고 저녁때가 되어 가족은 집에 돌아왔다. 그 중에 야마우찌와 다른 사원들도 있었다.

집안에서 오랫만에 떠들석한 술잔치가 벌어졌다. 1년의 세월을 울적한 분위기를 어딘가로 쫓아버리고 마치 남편이 살아있을 때처럼, 남편이 그 좌중에 있고 함께 즐기고 있는 듯한 착각을 요시꼬 부인에게 주었던 것이었다.

그런데 갑자기 토모야가 쓰러졌다.

"앗, 토모야!"

그 광경을 보고서 요시꼬 부인은 곧 '발작'이라고 느꼈다. 금새 안면이 창백해졌다.

바닥에 쓰러진 토모야는 고열이 나고 몸부림 치며 괴로워 했다.

"토모야, 정신 차려야 한다."

부인은 그렇게 말할 수 밖에 도리가 없었다. 의사를 불러도 소용이 없다고 생각했을 때, 여관 주인의 말이 떠올랐다.

"주인에겐 악령이 들러붙어 있습니다. 이 악령은 주인님의 아버님을 죽였고, 그리고 주인님과 아드님의 목숨까지 빼앗으려 한다. 그렇게 여종업원인 오기쿠는 말하는 것이지요. 부디 속았다 생각하고서 액땜을 하십시요."

확실히 그와 같은 내용이었다.

그 이튿날 여전히 열이 있는 토모야였으나 조금 진정되고 있음을 알자, 부인은 기자인 야마우찌에게 전화로 의논했다.

"누군가 영능력이 있는 사람을 소개해 주시지 않겠습니까?"

요시꼬 부인의 절실한 목소리의 울림에 야마우찌는 진지하게 여기저기 알아보았다. 그리하여 영능자인 타야마 레이켕(田山靈賢)씨에게 연락이 닿았다. 타야마 레이켕씨는 곧 나가노 댁을 방문했다.

즉시 타야마씨는 토모야의 영시(靈視)을 시작했다. 정선을 통일하고서 자기를 무(無)로 돌리자 토모야에 들러붙어 있는 영의 모습이 보였다.

“야무사가 보인다. 일찍이 무장이었으나 계속되는 전쟁에 지고 그 무사는 야무사가 되어 도망치고 있었던 모양이다. 그리하여 어느 때 적에게 발견되어 잔인한 방법으로 죽임을 당하고 있는 거다.”

타야마는 보이는 대로 지껄였다.

“아무런 관계도 없는 나가노 댁에 어째서 빙의했는지 이유를 모르겠다. 어째서이지? 본인도 모르는 모양이다. 하나 이것은 악령이다. 토모야군의 아버지 죽음도 조부의 죽음도 이 악령의 탈이 것이다.”

타야마씨는 부인의 부탁을 받고 필사적인 제령을 했다. 그러나 토모야의 생명을 구할 수는 없었다.

그날로부터 나흘 뒤에,

“꼬로와 놀고 싶다.”

고 병석에서 중얼거렸고 그대로 조용히 숨을 거두었다.

3. 검은 깃털의 저주

—브라질에서 악령에 사로잡힌 일가족—

카니발 전야

중남미의 사람들은 축제를 좋아한다. 1년에 한번인 카니발(사육제)을 손꼽아 기다리고 그날의 일을 상상하고서는 마음을 설렌다…. 카니발의 날이 다가오면 만나는 사람마다 축제의 이야기 꽃이 핀다.

타악기를 중심으로 한 마음을 들뜨게 하는 리듬. 그런 리듬에 사흘 밤낮을 춤추고 마시고…. 카니발의 날은 일체의 구속이 없기 때문에 이때만은 전부터 좋아하는 상대와 키스를 하든가 마음에 들지않는 상대를 끌어내어 싸움을 하든가…. 그런 광경이 매년 되풀이 된다.

1968년의 2월. 카니발을 눈앞에 두고서 파울리스타 상사 사장 오타니 료이찌(大谷良一)의 일가도 브라질 사원과 함께 카니발을 고대하고 있었다.

"금년의 카니발은 언제나처럼 관광객이 많이 올테지."

일이 끝난 사무실에서 오타니가 브라질 사람 산토스에게 말을 걸었다.

"그렇지요. 리오의 카니발이 세계적으로 유명하지만 상파울로의 카니발도 그것에 지지 않습니다. 마찬가지로 큰 페스타(축제)입니다."

산토스는 가슴을 펴며 자랑스럽게 말하는 것이었다.

파울리스타 상사는 일본의 대형상사의 지사에 해당되는 회사인데 독립 채산제를 취하고 있어 현지의 자본도 들어와 있는 회사인 것이다.

회사의 업무는 정밀기기의 플랜트 수입과 브라질 광물 자원의 수출을 중심으로 하고 있으며, 오타니는 2대째의 사장으로서 1967년 일본에서 부임했다. 따라서 브라질에서의 카니발은 처음이었다.

"산토스는 카니발의 날 어떤 분장을 하겠나?"

오타니는 시가아를 피우면서 고장의 술 핑거가 든 글라스를 찔끔찔끔 마시면서 그렇게 물었다. 핑거는 강한 돗수의 술인데 브라질 사람들은 그것을 단숨에 들이킨다. 하지만 오타니는 아직 거기까지는 이르지 못하고 일본술을 마실 때처럼 찔끔찔끔 한다. 산토스 쪽은 컵에 따라 핑거를 거의 두모금으로 마셔 버렸다.

"카니발 때의 분장은 그날 까지의 비밀입니다. 그것이 즐거운 것이지요. 아가씨들도 갖가지로 지혜를 짜고 있겠지요?"

산토스는 사람이 좋아보이는 웃음띤 얼굴을 보였다. 이 산토스는 브라질인의 매니저 격으로서 남을 잘 돌봐 두고 자질구레한 일에도 정성껏 힘써주므로 오타니의 오른팔로써 귀중한 인재인 것이다.

오타니 일가는 주인인 료이찌(46세), 아내인 히로꼬(弘子 : 36세)와 장녀인 요시미(苦美 : 13세), 차녀 리에(理江 : 11세), 3년 구니꼬(邦子 : 7세) 이렇게 세 여자아이가 있었다. 그리고 오타니의 조카딸인 사찌꼬(幸子 : 19세)가 동거하고 2세인 치예(千惠 : 22세)도 메이드로써 함께 살고 있었다.

그 오타니 가족은 상파울로 시의 중심부에서 자동차로 30분 가량의 고급 주택지에 있고, 꽤나 큰 훌륭한 저택이라는 느낌이었다. 그 집은 초대 사장이 브라질 사람의 대부호로부터 산 것으로서 말하자면 사택같은 것이었다.

브라질은 광대한 나라이다. 그 광대한 나라의 경제를 지탱하고 있는 것은 농업이 중심으로 되어 있다. 그 풍작을 축하하기 위해 축제가 먼 옛날부터 넓은 나라의 각지에서 계승되어 온 셈이다. 브라질 사람의 한없이 명랑하고 밝은 국민성과 음악 애호의 기질이 어울려 유명한 리오의 카니발을 비롯하여 상파울로의 카니발, 살바도르의 페스타 등이 성대하게 행해지고 또 상당히 내륙 지방에 들어가도 각지에서 풍작을 축하하는 축제가 행해지고 있는 것이다.

특히 상파울로의 사람들은 리오에 지지 않겠다는 의식이 강하여 상파울로의 카니발도 매년 성대해졌다.

오타니를 비롯한 가족들도 처음으로 보는 카니발에 잔뜩 들떠 있었다. 그 중에서도 세 딸들은 브라질의 학우들과 아이디어를 경쟁하며 만든 옷을 입고 춤을 한껏 추고자 고대하고 있었다.

"구니꼬의 옷은 그렇게 장식이 많아 춤추기 힘들지 않겠니?"

장녀인 여시미가 구니꼬의 의상을 보고서 말했다. 구니꼬의 의상은 마치 타조처럼 허리를 깃털로 싸고 긴 깃털을 꼬리처럼 몇 개로 세운 것이었다.

"으응, 이것으로 좋아."

구니꼬로서는 춤추는 일보다도 그런 색다르고 예쁜 것을 몸에 걸치는 일로서 만족했다.

그 점은 두 명의 언니들도 비슷했다.

장녀인 요시미는 13세로선 발육이 좋아 대담한 아플로 · 쿠반의 의상을 입고 얼굴을 도란으로 진하게 화장을 했고, 그리고 눈 둘레를 희게 굽도리를 하자 완전히 성숙된 여자처럼 보인다.

"언니, 예뻐요."

바로 아랫 동생인 리에가 한숨을 쉬어가며 말하는 것도 당연했다.

리에는 일본의 축제 때 '가마'를 메는 스타일이었다[가마는 한국의 상여 비슷함]. 하삐(두루마기의 일종)를 입고 가슴에 천을 칭칭 감았으며 왜버선에 감발을 감았는데, 콧등을 희게 칠하고 있다. 눈이 동그란 리에로선 그런 스타일이 잘 어울리고 본인도 아주 만족해하는 눈치였었다.

세 딸들의 수선이란 굉장한 것으로서 카니발이 시작되는 1주일쯤 전부터 연일 이와 같은 소동을 반복했다.

아이들이 천진하게 기뻐하고 집안을 밝게 뒤집어 놓고 있는 중에 히로꼬 부인만은 우울한 표정이었다.

세 아이의 어머니인 히로꼬는 아이들이 딸 뿐이라는 것이 남편인 오타니에게 있어 은밀한 불만의 씨앗임을 알고 있었다.

"또 딸이야!"

세번째인 구니꼬가 태어났을 때 오타니는 그렇게 중얼거렸고 그 표정에 낙담의 빛이 나타났음을 히로꼬 부인은 알아차리고 있었다.

"어떻게 든지 사내애를 갖고 싶어!"

히로꼬 부인은 그런 바램을 갖게 되었다.

오타니는 남편으로서도 어버이로서도 만점 가까운 사나이었다.

세명이 다 딸이라고 해서, 그것으로 아이들에게 무관심한다는 일은 없었다. 다른 아버지들과 비교해도 오히려 아이들을 끔찍이 사랑하는 편이었다.

구니꼬가 태어났을 때는,

"또 딸이야!"

하고 한탄한 오타니였지만 그 막내딸이 귀여워 견딜 수가 없는 모양이다.

"아빠는 구니꼬의 역성만 들어!"

하고 두 언니들이 항의하는 일도 많았다.

구니꼬가 세 살이 되었을 무렵,

"이제 아이는 되었어. 셋 있으면 충분하지."

오타니는 이렇게 말을 했다.

"그렇겠네요."

히로꼬 부인도 맞장구를 쳤지만, 되도록이면 사내 아이를 갖고 싶다는 심정은 변하지 않았다.

가족이 함께 브라질에 옮겨 와서 그 최초의 두 달쯤은 다만 바쁘고 게다가 생활 환경의 변화, 언어의 문제, 식사의 변화 등으로 아내로써 또한 어머니로써 대응하지 않으면 안될 일이 많아 매하루 하루가 눈깜짝할 사이에 지나가 버린 느낌이었다.

그 바쁜 나날 중에도 히로꼬 부인의 머리 속에는 사내 아이의 일이 언제나 남아 있었다.

"브라질에서 생활하는 동안에 역시 아이를 만드는 편이 좋지 않겠어요? 그 아이에게도 우리들에게도 아주 좋은 일이잖아요!"

그렇게 목구멍까지 치밀은 말을 히로꼬 부인은 몇 번이나 삼켜버렸던 것이다.

그럭저럭 하는 사이에 신의 섭리인지 아니면 자연의 은총일까, 브라질에 옮겨 와서 3개월만에 히로꼬 부인은 임신하고 있음을 알았다.

“이번엔 틀림없이 사내 아이야.”

이유도 없이 히로꼬 부인은 그렇게 확신하고 있었다. 그러나 남편에게는 임신의 사실을 되도록 숨겨 둘 작정이었다.

빠른 시기에 가르쳐 주면,

“이제 아이는 필요없어.”

라고 중절을 권유받을 것 같았기 때문이었다.

6월 경, 남편은,

“당신, 요즘에 조금 뚱뚱해진 것이 아냐?”

하고 말했지만, 설마 아이가 생겼다고는 생각지 못했던 모양이다. 그러나 8월이 되자, 싫어도 눈에 띄기 시작하여 숨겨 둘 수가 없게 되었다.

“바보로군, 그런 것을 걱정하고 있었어!”

임신한 사실을 숨기고 있었음을 말한 히로꼬 부인에게 남편은 다정하게 말했다.

외국에서 출산한다는 일에 다소의 불만은 있었다. 그러나 조카딸인 사찌꼬와 매이드의 치예를 비롯한 주위 사람들의 도움으로 출산 준비도 갖추어지고 뱃속의 아기는 날로 커졌다.

출산 예정일은 3월 중순이었다. 카니발로부터 꼭 한 달 뒤인 것이다. 출산 예정일이 가까와짐에 따라 여러가지 걱정거리가 거듭되어 왔다. 아이들이며 주위가 카니발에 들떠 흥분하고 있건만 배가 부른 히로꼬는 그런 카니발에도 갈 수 없어 이것저것 걱정하고 있어야만 되는 것이었다.

마음이 무거운 히로꼬 부인에게 있어 또 한가지 결정적이라 생각되는 사건이 카니발이 시작되기 1주일 전에 일어났다.

점장이 노파의 괴상한 태도

그날 히로꼬 부인은 태어날 아기를 위한 준비를 하고 있었다.

부엌에선 사찌꼬와 치예가 저녁 식사 준비를 한다. 기저귀, 가아제, 아기옷 등.

'옷입히기 인형'의 양복과도 같은 그런 자질구레한 것이 이미 세 아이를 키우고 있는 히로꼬 부인이기는 했지만, 전번의 출산부터 7년만의 일이기도 하여 처음인 출산 때처럼 마음을 부드럽게 해주고 행복한 분위기에 잠기게 해주는 것이었다.

브라질만이 아니고 중남미에선 점이 유행되고 있다.

"이번에 태어나는 아이는 사내 아이일까요. 아니면 여자 아이일까요?"

히로꼬 부인은 여러 사람에게 점을 쳤다. 별점, 타로우 · 카드, 트럼프, 보석점, 그리고 옛날부터 중남미에 전하는 수점 등등. 10명 가까운 사람에게 점을 쳐달라고 했지만 두 명만이 여자 아이라 했고 나머지는 모두 아들이라는 점이었다.

그 중에서 한사람의 점장이가 왠지 히로꼬 부인의 기억에 특별히 강하게 남아 있다.

"아기는 틀림없이 사내 아이일세."

80세를 넘었다고 생각되는 노파인 그 점장이는 수정구의 안을 들여다 보면서 그렇게 말한 뒤 갑자기 눈을 크게 떴다. 수정구 속에서 '무언가'를 발견한 모양이었다.

노파는 천천히 얼굴을 들고서 히로꼬 부인을 보았다. 늙인이다운 그제까지의 한가로운 표정이 사라지고 눈이 이상하게 빛나고 있었다. 히로꼬 부인의 얼굴을 잠시 응시한다. 마치 그녀의 얼굴로부터 무언가를 읽으려는 느낌이었다.

"당신, 포르투갈어를 압니까?"

노파는 히로꼬 부인에게 물었다.

"운 · 뽀키트(조금이라면)"

"……"

노파 점장이는 잠시 침묵을 지켰다. 그리고 빠른 말투로 지껄이기

시작했다. 그러나 브라질에 와서 7개월째인 히로꼬 부인으로선 군데군데 밖에 의미를 몰랐다.

"당신의 세 아이…남편…이번의 사내아이…왜? 어째서?…언제…피다. 부인의 문제…검은 피…이것은 큰 문제이다."

군데군데 알아들은 말은 이런 것이었다. 미리 설명은 않고 있었건만 노파는 히로꼬 부부에게 세 아이가 있음을 알아맞추고 있는 모양이었다.

"이번엔 남자 아이란 말이지요?"

히로꼬 부인으로서는 잘 모르는 것을 이것저것 물어도 도리가 없고 아이가 사내인지 여자인지 그것만을 알고 싶었다.

"그래요. 이번엔 사내 아이. 그것은 틀림없다."

노파는 왠지 힘을 뚝 떨어뜨리며 그렇게 말했다. 그 태도가 왜 그런지 으스스하여 히로꼬 부인은 사례를 놓자 도망치듯이 노파의 집을 나왔다.

"나의 힘으로선… 어쩔 수도 없다."

히로꼬 부인을 뒤쫓듯이 노파는 한마디 던졌다.

집에 돌아와서 아기의 옷 등을 정리하면서,

"그 점장이한테 치예를 데리고 갔으면 좋았을 걸…."

하고 생각했다.

"어머! 무엇일까?"

생각에 팔리면서 옷을 개어 탁자에 놓고 다음의 것을 놓으려고 했을 때, 옷에 검은 깃털이 꽂혀 있는 것을 발견했다.

"기분 나쁘게. 어디서 날아온 것일까?"

별로 깊이 생각지도 않고 히로꼬 부인은 그 검은 닭의 깃털을 뽑아 휴지통에 버리고 옷 등을 옷장에 넣었다. 점을 믿고 있었으므로 해산 준비는 남자 아이의 것을 주로 준비했었다.

저녁 식사가 끝나고 메이드인 치예가 뒤를 치우고자 방에 들어왔다. 히로꼬 부인은 새로이 마련한 아기의 용품을 치예에게 보이고자 장농을 열었다. 그리하여 안을 보니까 제일 위에 넣어 둔 옷에 또 검은 깃털이 꽂혀있는 게 아닌가.

"어머!"

히로꼬 부인은 작게 비명을 질렀다. 그것을 듣고 다가온 치예는 그 깃털을 보더니 얼굴빛이 달라졌다. 마치 코브라나 드라큘러라도 보기나 한 것처럼 눈을 부릅뜨고 핏기를 잃었다.

그것을 알지 못하는 히로꼬 부인은,

"이상해, 아까 버렸다 싶었는데…"

하고 중얼거리면서 그 검은 깃털을 뽑아내자 옷을 갖고서 치예 쪽을 돌아보았다.

"어머, 치예, 왜그러지?"

치예의 얼굴이 하얗게 질려 있는 것을 보고서 히로꼬 부인은 말했다.

"아, 아아뇨. 별로…"

치예는 그렇게 말하더니 별안간 방을 나갔다.

"이상하네, 저 아이는."

히로꼬 부인은 이상한 치예의 태도에 고개를 갸웃하고 다시 테이블 위에 아기의 옷을 펼쳤다.

그러고 있을 때에 오타니 집에 있는 또 하나의 메이드인 브라질인의 할머니를 데리고 치예가 돌아왔다. 그녀는 아주 흥분하고 있었다.

"마님, 아까의 검은 깃털, 그것은 어떻게 된 것입니까?"

그렇게 묻는 치예의 목소리는 떨고 있었다.

"이상해요. 그것이. 식사 전에 해산 준비물을 정리하고 있었는데 어느 틈엔가 꽂혀 있고, 내가 뽑아 버렸건만 또 아까 장농 속에 있었어요. 그 깃털이 어쨌다는 것이죠?"

히로꼬 부인의 그런 물음에는 대답하지 않고, 치예는 브라질 사람인 할머니에게 현지 말로 설명하고 있었다. 할머니의 얼굴이 금새 달라졌다. 눈알을 바삐 굴리고 무언가에 겁내고 있는 듯한 느낌인 것이다.

"깃털은 어디에 있지?"

하고 무뚝뚝하게 할머니가 말한다.

"깃털! 있어요."

히로꼬 부인은 그렇게 말하고 휴지통으로 다가 갔다.

"어머나!"

검은 깃털은 없어져 있었다.

"없어요. 치예, 아까 이곳을 소재했어요?"

"아아뇨, 소재는 아침에 했을 뿐입니다."

"그랬었지. 이상하네요. 확실히 버렸다고 생각했었는데…. 하지만 아까의 것이 있어요."

히로꼬 부인은 장농에 다가가서 서랍을 열고 아까 뽑은 깃털을 찾았다.

그런데 그 깃털이 온데간데 없었다.

"이상하다…."

히로꼬 부인은 여우에게 홀린 것만 같은 느낌이었다. 뭐가 뭔지 알 수 없었다.

"애그머니!"

돌연 브라질인의 노파가 외쳤다. 히로꼬 부인과 치예가 돌아보았더니 할머니는 왼 손을 입에 대고 와들와들 떨면서 오른 손으로 테이블 쪽을 가리키고 있었다.

"앗!"

"어머!"

치예와 히로꼬 부인은 동시에 소리를 내었다. 할머니가 가리키는 테이블 위의 아기옷에 다시금 닭의 검은 깃털이 꽂혀 있는게 아닌가!

치예도 떨기 시작했다.

"뭐지요? 예, 가만히 있지말고 가르쳐 줘요!"

히로꼬 부인은 두사람에게 부탁했다. 아무리 보아도 이 검은 깃털에 대한 두사람의 반응은 보통이 아니었다. 검은 깃털에 대한 두사람의 겁먹음, 공포심은 예사롭지 않은 느낌이었다.

"당신들은 저주되고 있는 거야. 악령에게 저주되었어!"

할머니는 그렇게 외치고 방을 나갔다. 그리하여 치예마저도,

"저주되고 있는 거예요. 난 그만 두게 해주세요."

라고 말하는 것이었다.

노파 쪽은 재빨리 짐을 꾸리더니 도망치듯이 오타니 집을 나가버렸다.

주술사가 많이 있다

브라질에는 점과 함께 저주에 관한 온갖 이야기도 많다. 그 대부분은 미신이나 종교의 문제로써 취급되고 있지만 그런 분야로 간단히 취급될 수 없는 것도 많다.

아프리카에서 생긴 부두교(Voo-doo)가 남미에도 전해지고 있고 [부두는 서아프리카의 다호매에서 사는 폰족의 신 또는 정령을 가리키는 말. 현재는 하이피를 중심으로 한 미합중국 남부의 흑인들 사이에 퍼져 있는 종교가 뒤섞인 것을 말함. 백인들은 처음에 이것을 카니발리즘(미친듯이 술마시고 춤추는 것), 올지(Orgie : 성적 방종), 흑마 술로 오해되었으나 1920년대부터 인류학자 또는 포크댄스 연구가에 의해 재평가되었다. 부두교의 큰 특색은 영혼에 작용하는 형태의 주술적 행위가 극히 완성된 일로서 빙의 상태(강신)가 되기 위해 격렬한 북 리듬에 맞춘 댄스가 있고, 닭 · 고양이 · 산양 · 소 등을 제물로 바친다. 특히 검은 고양이와 검은 닭을 귀하게 여긴다.

브랙미사며, 흑마술이라 일컬어지는 것도 각지에 남아 있다. 그리

고 온갖 주술도 왕성하며 많은 주술사가 있고, 오지에 들어가면 타인을 저주해서 죽이는 것을 직업(?)으로 삼고 있는 사람조차 있는 것이다.

그런 저주 중에서도 특히 검은 깃털은 브라질 사람들의 공포의 대상이었다. 검은 깃털은 악령의 탈이라는 전설이 있고, 그것을 믿는 브라질인이 많다.

주술사 중에는 누군가 다른 사람을 저주하고 싶을 때는 특별한 저주를 가한 검은 깃털을 만들어 준다—는 사람도 있었다. 그것이 장사로 되어 있었던 것이다.

그것은 일본의 신사불각(神社佛閣)이 교통 안전이나 액땜의 부적 등을 팔고 있는 똑같은 것인지도 모른다.

하지만 브라질의 검은 깃털은 일본의 부적류가 안전을 기키든가 액운을 막아주는 따위의 것인데 비해 사람을 저주한다고 하는 도무지 반대 성질의 것이다.

남미의 사람들은 감정의 기복이 격렬하다.

기쁨도 크게 느끼고 사람에 대한 원한이나 새암도 격렬한 것이다. 극히 사소한 일, 예를 들어 옆집의 닭이 들어왔다든가 바람으로 옆집의 물건이 날아와서 자기 집의 무언가를 망가뜨렸다, 하는 참으로 아무것도 아닌 일로 싸움이 시작되고 그것이 틀어져 집과 집의 원한이 되든가 하는 것이다.

그런데 검은 깃털의 저주를 믿는 사람들은 주술사에게 부탁하여 '저주의 검은 깃털'을 만들어 달라고 해서 그것을 사용하여 저주하는 것이다.

이런 검은 깃털의 저주에 대해 반신반의이고 주술사에게 만들어 달라 한 것을 우습게 여기는 사람이라도 어딘가에서 자연히 나타난 '검은 깃'은 매우 기분 나빠하며 싫어하고 있었다.

어디서인지 모르게 자연히 나타난 검은 깃털을 악령에 사로 잡혀 있어 가장 무섭고 그 일가족이 전멸한다고 생각되고 있는 것이다.

이런 검은 깃털이 나타났기 때문에 그 동티로 무참히 죽게 된 정부 고관의 일가족이 있었음은 사실이었다.

그 고관은 차기 대통령이라고 까지 지목된 거물로서 1964년에 그 참극은 일어났다. 브라질인에게 있어선 잊을 수 없는 끔찍한 사건이었다.

그 사건 이래 '검은 깃털'에 대해 사람들은 그때까지 이상으로 공포심을 품게 된 것이다. 그러므로 오타니 가의 브라질 사람 메이드가 자연으로 나타난 검은 깃털에 대해 과다하다 싶을 정도로 공포심을 품고 그 날중으로 그만 둔 행동도 브라질인으로서 보면 당연한 일인지도 몰랐다.

"그런 셈이었군요…"

브라질 태생의 2세인 치예로부터 검은 깃털에 얽힌 이야기를 듣고서 히로꼬 부인은 겨우 납득했다.

"하지만 검은 깃털은 여기저기서 주술사가 팔고 있는 것이라서…"

이야기를 듣고 어두운 표정이 된 히로꼬 부인을 치예는 그렇게 위로했다. 그렇게 말하는 치예 자신은 브라질에서 일어나고 있는 저주나 탈의 무서운 현실을 몇 번인가 목격하고 있었기 때문에 아무리 위로해 보아도 그것은 단순한 안심에 지나지 않는다는 불안은 있었다.

"치예, 너까지 나가진 말아요. 네"

"히로꼬 부인은 눈물마저 떠올리면서 치예에게 애원했다. 그 필사적 부탁에 치예도 할 수 없이 불안을 감추며 끄덕였던 것이었다.

화장실 앞의 검은 그림자

카니발이 시작되었다.

격렬한 삼바의 리듬에 맞추어 춤의 행렬이 상파울로 시내를 메웠다. 카니발에 참가하고 있는 사람은 저마다 아이디어를 겨루는 의상을 몸에 걸치고 큰 목소리로 노래하든가 괴성을 지르든가 핑거나 상글리아 등의 병을 한 손에 들고 누구나 할것 없이 어깨 동무를 하고서 서로 병나발을 불든가… 끝없이 밝고 명랑한 축제의 밤이다.

오타니 집에 있는 고급 주택가에도 그 격렬한 리듬은 흘러 왔다. 이웃 사람들은 축제에 참가하기 위해 거의 집을 비웠다.

"엄마는 가엾어."

"돌아오면 이야기해 드리겠어."

"아빠가 8밀리를 촬영한다나 봐…"

오타니씨, 그리고 사찌꼬와 함께 세 딸은 의상을 각각 화려하게 차려입고 상파울로 시내로 갔다.

배가 부른 히로꼬 부인과 치예 두사람만이 집에 남았다.

"사모님, 텔레비전으로 카니발을 봅시다."

치예는 힘써 명랑하게 행동했다. 거실에서 편안하게 소파에 앉아 두사람은 텔리비전을 보았다.

화려한 광경이 브라운관에 비쳐졌다. 검은 깃털에 대해선 오타니씨나 아이들에게는 말하지 않았다. 반은 미신이라는 심정이 있어 히로꼬 부인이 치예에게 입막음을 했던 것이다. 그러나 그 깃털은 확실히 누군가의 작위적인 장난으로 나타나든가 사라지든가 하는 게 아니고, 하물며 착각도 아님을 다른 누구보다도 히로꼬 부인 자신이 알고 있었다. 그 일을 생각하자 말할 수 없는 공포감에 사로잡히고 말았다.

"그런 것을 생각하면 태어나는 아기에게 좋지 않아."

히로꼬 부인은 망상을 뿌리치고 텔레비전에 신경을 집중하려고 노력했다.

"화려하네요."

히로꼬 부인은 커피를 가져 온 치예에게 말했다.

"정말이네요. 1년에 한번인 축제이니까요."

"미안해요. 모처럼인 축제인데 당신은 구경도 가지 못했으니…"

"아뇨, 괜찮아요."

치예는 그렇게 말했지만 마음으로는 카니발에 참가하고 싶은 마음이 간절했다.

"내일은 가도록 해요. 사찌꼬에게 남아 있도록 부탁할테니까."

"예, 고마워요."

치예는 웃음진 얼굴을 보였다. 두사람은 잠시 동안 잡담을 나누면서 텔레비전으로 축제의 광경을 바라보고 있었다.

오후 8시경이 되어 히로꼬 부인은 화장실로 갔다. 거실에서 화장실에 가자면 주방을 지나 욕실의 맞은 편까지 가야 했다.

히로꼬 부인은 텔레비전에서 들려오는 괴성과 음악을 등뒤로 들으면서 복도로 나갔다. 그 복도의 화장실 앞에 무언가 있는 느낌이 들었다. 히로꼬 부인은 그 쪽을 보았다. 사람이 웅크리고 있는듯한 모양의 검은 그림자였다.

"…"

비명을 질렀을 텐데 그대로 까무러치고 말았으므로 기억에 남지 않았다. 비명과 그것에 뒤이어 쓰러지는 소리를 들은 치예가 달려왔다.

"앗!"

바닥에 쓰러져 있는 히로꼬 부인과 그 옆에 웅크리고 있는 검은 그림자가 치예의 눈에 뛰어 들었다. 치예는 부인에게 다가갔다. 그러자 검은 그림자도 그 자리에서 스르르 사라지고 말았다.

"사모님! 사모님!"

쓰러져 있는 부인을 흔들면서 치예는 불러 댔다. 그러나 부인은 깨어날 낌새가 없었다.

상반신을 안아 일으키고 볼을 때리든가 이름을 부르든가 하고 있던 치예는 복도의 한 곳을 응시하고 비명을 질렀다.

닭의 검은 깃털이 있었던 것이다. 그곳은 치예가 사람이 웅크리고 있는듯한 검은 그림자가 있던 곳이었다.

네번째의 '검은 깃털'이었다.

아기의 허벅다리에 깃털모양의 점

히로꼬 부인은 기절한 뒤 병원에 실려가고 치료를 받고서 겨우 정신이 들었다.

오타니씨나 아이들에게 이 사건을 알리고 싶어도 카나발인 밤의 상파울로 시내에서 찾아내는 것은 설탕 항아리에 섞인 다섯알의 소금을 찾아내는 것과 같은 일로 도저히 불가능한 일이었다.

히로꼬 부인은 기절한 뒤 병원에 실려가고 치료를 받고서 겨우 정신이 들었다.

오타니씨나 아이들에게 이 사건을 알리고 싶어도 카나발인 밤의 상파울로 시내에서 찾아내는 것은 설탕 항아리에 섞인 다섯알의 소금을 찾아내는 것과 같은 일로 도저히 불가능한 일이었다.

히로꼬 부인은 강한 충격 때문에 한달 가까이나 빨리 진통을 일으켜 그대로 병원의 산실에 입원하게 되었다. 조산이었지만, 3kg에 가까운 체중의 아기가 태어났다. 히로꼬 부인이 바랐던대로 사내 아이었다.

출산으로 지친 몸과 마음도 원기있는 사내 아이의 얼굴을 보자마자 완전히 치유되는 느낌이었다. 하지만 그 평안은 1시간도 계속되지 않았다.

어머니의 침대 옆에 놓여진 배이비 침대 속에서 쌕쌕 잠들어 있는 아기의 기저귀를 간호부가 갈아채우려고 했을 때, 히로꼬 부인은 똑똑히 보고 말았던 것이다.

사내 아이의 왼쪽 허벅지에는 문신과도 같은 자국이 뚜렷했다. 그리고 그 모양은 너무나도 검은 깃털을 닮았던 것이다.

"아, 어째서! 어째서!"

부인은 헛소리처럼 뇌까리고 또다시 기절했다.

이튿날 오타니와 아이들이 통지를 받고 문안을 왔다.

"부재중에 큰일이었어."

오타니는 아들이란 것을 알고서 기분이 좋았다. 조산이었는데도 불구하고 모자가 함께 건강한 것이 무엇보다도 기뻤다.

"엄마, 피로한가 봐요."

요시미는 과연 맏딸답게 여윈 느낌의 히로꼬 부인을 위로했다.

부인이 지쳐 있는 것은 출산 탓만은 아니었다.

잠자고 있어도 꿈속에 '검은 깃털'이 나타나는 것이었다. 잠이 깨고서도 남자 아이의 허벅지에 '깃털모양의 자국'이며 복도에 웅크리고 있던 검은 그림자, 그리고 어디선지 나타난 네개의 '검은 깃털'… 그런 것을 생각하면 미칠 것만 같아지는 것이었다.

오타니와 아이들은 이윽고 집에 돌아갔다.

히로꼬 부인은 '검은 깃털'에 대해 남편에게 이야기할까 몇 번이고

생각했다. 그러나 일소에 붙여질 것만 같았다.

"그런 것은 모두 미신이야."

그렇게 핀잔을 받을 것만 같아 그만 말을 꺼내지 못하고 말았다.

병실에 단 혼자만 있게 되자, 다시 '검은 깃털의 환영에 시달리기 시작했다. 부인은 식욕도 없어지고 완전히 노이로제처럼 되고 말았다. 출산 뒤는 그렇지 않아도 건강에 주의해야만 하는데 간호부나 치예, 사찌꼬 등이 걱정해도 무엇하나 먹지를 않고 점차로 모든 일에 의욕을 잃게 된 것이었다.

갓 태어난, 히로꼬 부인이 그토록 갖고 싶어하던 남자 아이에 대해서도 마찬가지였다.

수유(授乳)나 목욕시키기 등 육아의 일체에 관심을 잃고 다만 멍청해져 있는 날이 많아졌다.

오타니와 세 딸은 몹시 걱정했다. 히로꼬 부인이,

"검은 깃털, 검은 그림자, 검은 점"

하고 마치 주문을 외우듯이 중얼거리는 것을 병실에 있을 때 오타니는 들었다. 오타니는 그 일에 관해 치예에게 물어 보았다.

"실은 나리님."

하고 그녀는 그때까지 부인으로부터 입막음되고 있었던 이제까지의 경위를 털어 놓았다.

오타니도 '검은 깃털에 대해선 이야기를 들어 알고 있었다. 그러나 그런 저주니 점에 대해 조금도 믿지 않는 오타니였다.

"그러냐. 그것이 노이로제의 원인이란 말이지. 알았다. 잘 말해 주었다."

오타니는 치예에게 그와 같이 말했다. 그러나 마음속으로서는 그런 바보같은 일을 심각하게 생각하다니… 하며 생각했다.

그날 집에 있던 오타니에게 병원에서 전화가 걸려 왔다.

"사모님이 아기를 죽이려고 했어요."

그는 급히 병원으로 달려 갔다. 병원에 도착하자 안의 공기가 어수선함을 그는 깨달았다.

오타니의 모습을 발견한 사무장인 페르난데스가 종종걸음으로 뚱뚱한 몸을 옮겼다.

"세니욜, 큰일입니다."

"무슨 일입니까?"

"큰일입니다."

페르난데스는 땀을 흘리고 있다.

"아이는 걱정 없습니까?"

오타니는 불안에 사로잡혔다. 히로꼬 부인이 아기를 다치게 한 것이 아닐까 생각되었다.

"아뇨, 틀립니다. 사모님입니다."

"아내가 어쨌다는 겁니까?"

"예, 어쨌든 따라와 주십시오."

오타니는 원장실로 안내되었다. 방 안에는 원장이며 부인과의 담당 의사, 그리고 안면이 있는 현지 경찰서 차장 등 3, 4명이 있고 큰 소리로 이야기하고 있었다.

"아, 세니욜 오타니."

원장이 아는 채를 하며 악수를 하고 의자를 권했다.

"실은 부인께서 그 뒤 동맥을 끊고 자살했던 겁니다."

원장은 차분한 목소리로 그렇게 말하는 것이었다.

지난 며칠 동안 노이로제 상태가 계속되고 있었던 히로꼬 부인은 전날부터 벽에 검은 그림자가 보인다든가 천정에 검은 깃털이 있다는 등 헛소리를 하면서 환영을 무서워하기 시작했던 것이다.

그리하여 점심 시간에 아내를 병 문안한 오타니가 집에 돌아간 뒤, 복도를 지나던 간호부 두사람이 히로꼬 부인의 병실이 낌새가 이상함을 깨닫고 방에 들어가 보았다.

그랬더니 부인은 눈을 이글거려 가면서,

"이놈의 저주받은 아이!"

라는 따위의 말을 하면서 사내 아이의 얼굴에 베개를 밀어붙이고 있었다는 것이다.

"발견이 1분, 1분이라도 늦었다면 큰일났지요."

라고 원장이 설명했다.

그런 일이 있어 아기는 다른 방에 옮기고 사무장인 페르난데스가 오타니에게 전화하고 있을 무렵, 히로꼬 부인은 과일 나이프로 목과 손목 두군데를 잘라 자살을 기도하였고 발견되었을 때는 출혈 과다로 이미 때가 늦었다는 것이었다.

"할 수 있는 방법은 모두 했습니다만……."

원장이 오타니를 위로했다.

페르난데스의 이야기에 의하면 이상하게도 부인의 몸에서는 붉은 피가 한방울도 흐르지 않고 검붉은 액체가 마치 살아있는 것처럼 흘러나와서, 바닥에 사람의 모양을 자연스럽게 그렸다는 것이었다.

효과가 없었던 악마 몰아내기

부인이 죽은 지도 49일도 지나고 불행한 사건을 만난 오타니가도 그런대로 안정을 되찾아 갔다.

세 딸 중에서 제일 아래인 구니꼬의 슬퍼하는 모습은 주위 사람들의 눈물을 자아내게 했지만, 꿋꿋한 요시미의 힘으로 아이들도 차츰 새로운 생활에 익숙해지고 아끼오(昭男)라고 이름지어진 아기를 둘러싸고 때로는 웃음소리도 들리게 되었다.

그러나 '검은 깃털'의 저주는 히로꼬 부인의 사건만으로선 멈추지 않았던 것이다. 다음 번의 탈은 부인이 죽고 나서 두 달 뒤인 4월 말 3녀인 구니꼬에게 나타났다.

그날 오타니 일가족은 점심 식사후의 한가로운 시간을 거실 룸에서 즐기고 있었다. 아기의 요람을 가운데 두고 요시미를 비롯한 세 아이들이 재미있게 놀아주고 있었다.

오타니는 스트레이트 · 커피를 마시면서 시가아를 태우고 있었다.

갑자기 구니꼬가 일어서더니 두 손을 높이 들며 외쳤다.

"엘 쟝고. 키에 · 세…"

평소에는 전혀 사용하지 않는 어려운 에스파니아어를 구니꼬는 빠른 말투로 줄줄이 지껄이기 시작했다. 시선은 초점이 맞지 않고 어딘지 먼 곳을 보고 있는 느낌이었다.

"으악!"

구니꼬는 갑자기 기묘한 외마디 소리를 내더니 아기를 향해 걸어갔고 그 작은 목에 두 손을 대었다.

구니꼬의 태도가 너무나도 갑자기 달라졌으므로 어리둥절한 채 바라보던 중에 오타니와 사찌꼬가 가장 먼저 정신이 퍼뜩 들었고, 재빨리 구니꼬에게 달려들어 아기의 목에 걸려 있는 그녀의 손을 꽉 잡았다.

그러자 구니꼬는 이번엔 사촌 언니인 사찌꼬에게 덤벼 들었다.

7세인 구니꼬와 19세인 사찌꼬로선 체력의 차가 뚜렷했다. 그런데 구니꼬는 7세의 소녀라고는 생각할 수 없는 격렬한 기세로 사찌꼬를 밀어젖혔으며 그녀는 베란다 가까이에 가서 나가떨어졌다.

구니꼬는 쓰러진 사찌꼬 위에 말타듯이 하고서 가까이 있던 바베큐의 쇠막대를 손에 잡더니, 그것으로 사찌꼬의 배를 찔렀다.

오타니와 치예가 필사적으로 구니꼬를 제지했다.

"저주해 주겠어."

제지된 구니꼬는 연신 저주의 말을 하면서 작은 여자 아이로선 도저히 할 수 없는 혀를 깨물고 자살해 버렸던 것이다.

혀를 깨물었으므로 많은 피가 양탄자 위로 흘렀다. 어머니인 히로꼬 부인이 자살했을 때와 마찬가지로 그 피는 검붉고 양탄자를 물들이며 만들어져 가는 문양은 다시금 사람의 모양이었다.

사찌꼬는 빈사의 중상이었지만 구급차로 운반되어 목숨만은 건졌다.

히로꼬 부인일 때는 단순한 노이로제일 거라고 생각했던 오타니였지만, 구니꼬의 변화를 눈 앞에서 체험하고 그 어느 것이나 너무나도 불가해진 사건이었기 때문에 '검은 깃털의 저주를 다만 한낱 미신으로 취급할 수는 없게 되었다.

구니꼬의 장례식을 끝낸 후 오타니는 자기의 그와 같은 망설임을 치예한테 고백했다.

"지금까지 이런 것은 믿지 않았지만 이것에는 '무엇인가 있다고 생각된다."

거듭되는 불행으로 오타니는 완전히 초췌해 버렸고, 그 모습은 치예의 눈에도 애처롭게 비쳤다.

"나리님, 이는 절대로 저주입니다. 그러니까 저주를 풀어버려야만 합니다."

치예는 힘을 주어가며 잘라 말했다. 지프라기라도 붙들고 싶은

심경이 되어 있던 오타니는 그 말에,

"어떻게 하면 저주가 풀리지?"

"기도사에게 부탁하는 것이지요."

"하지만 어떻게 그런 사람을 찾지?"

"제가 찾아 오겠어요. 누군가 아는 사람이 있을것 같아요."

"고맙다. 그렇게 해주렴."

오타니는 치예에게 부탁했다. 치예는 이튿날 그 방면에 이름날 사람들을 찾아 다녔다.

검은 깃털의 저주를 푸는 것은 엄청난 것임을 차츰 알게 되었다. 많은 기도신들은,

"검은 깃털…. 그것은 큰일이다. 나의 힘으로선 어쩔 수도 없다. 악마를 쫓는 사람이 좋겠어."

라는 식으로서 검은 깃털이라고 듣기만 해도 주눅이 드는지 누구도 하려고 하지 않는 것이었다. 그럼에도 치예는 단념하지 않고 몇 사람의 기도사를 만나 정보를 모았다.

"그와 같은 저주라면 시저브랑커에 좋은 사람이 있지."

그날 저녁때 '검은 깃털'을 팔고 있는 기도사 하나가 치예에게 가르쳐 준 것 이었다.

"나리님, 좋은 사람이 발견되었습니다."

오타니가에 돌아온 치예는 녹초가 될 만큼 지쳐 있었지만, 그래도 꼬박 하루 걸려 좋은 정보를 얻었으므로 기뻐하며 오타니에게 보고했다.

"내일 당장 그곳에 가보자."

바로 얼마 전까지 그런 것을 믿지 않았던 오타니였지만, 치예의 그런 말을 듣자 곧 행동에 옮기기로 했다.

이튿날 오타니는 시저브랑커를 향해 차를 달렸다. 핸들을 잡은 오타니 옆에는 불안한 기대로 가슴을 부풀리고 있는 치예가 앉아 있었다.

시저브랑커 까지는 상당한 거리가 있고 가르쳐 준 지도를 길잡이 삼아 악령 몰아내기의 노기도사 집에까지 가는 대에는 3시간이나 걸려, 오후 1시가 지나서 겨우 도착했다.

노기도사는 치예가 하는 설명에 열심히 귀를 기울였다. 이야기가 진행되는 동안 눈에 광채가 번득였고 눈 앞에 적을 보고 있는 것만 같은 격렬한 대항심을 불태우기 시작했다.

"그것은 강한 저주다. 엄청난 일이다."

이야기를 듣고나자 노기도사는 그렇게 말하더니 지긋이 눈을 감고서 정신을 집중했다.

"이 저주는 간단히 풀리지 않을런지 모른다. 하지만 해봅시다. 될 수 있는 한 모든 것을 해보겠어요."

노기도사는 그렇게 약속했고, 오타니를 곧 식장의 중앙에 앉혔다. 그리고 그 주위에 촛불을 세운다. 들어갈 적부터 부뚜막에 걸려 있던 남비에 몇 종류의 약초를 넣었다.

남비는 부글부글 끓고 있어 그곳에서 푸르스름한 연기가 오른다. 그리고 창문의 커튼을 닫고 방안의 조명은 촛불이 비추어 줄 뿐이다.

노기도사는 시커먼 의상을 걸치고 주문을 외우기 시작했다. 그 주문은 라틴어도 에스파니아어라고도 할 수 없는 것으로서 오타니로선 전혀 의미를 알 수 없었다.

악령 몰아내기의 의식은 약 45분 계속되었다. 노기도사의 주문이 이어지고 있는 동안 오타니는 예사롭지 않은 느낌에 사로잡혔다.

주문이 끝났다.

"강력한 놈입니다. 이길지 어떨지 모릅니다. 하지만 나는 그 영과 싸워 보겠습니다. 오늘밤도 내일도…"

기도사는 온 신경을 집중하여 악령과 싸운 탓인지 지쳐 축 늘어져 있었다. 하지만 이번 1회만이 아니고 악령이 제거되기까지 싸워 줄 것을 약속했다.

"효과가 있으면 좋겠는데요."

하고 치에는 집을 향해 돌아가는 자동차 속에서 오타니에게 말했다.

치에도 오타니도 지쳐 있었다. 30분쯤 지났을 무렵, 차가 좁은 산길을 빠져나가려고 할 때에 어디선가 날아온 검은 깃털이 오타니의 눈에 꽂혔다.

순간적 일이라서 그로선 무엇이 일어났는지 까닭을 몰랐었다.

"앗, 아프다!"

큰 소리를 내며 아픈 눈에 두 손을 가져 갔다. 자동차는 그다지 스피드를 내고는 있지 않았지만 그럼에도 60키로는 되었다. 핸들을 잡는 손이 놓아진 자동차는 좌측의 암벽에 격돌했다. 격렬한 충돌음과 함께 두 남녀의 비명이 동시에 일어났다.

노기도사의 악령 몰아내기는 효과가 없었던 것이다. 아니, 악령 몰아내기를 부탁하러 간 일에 대해 악령이 새삼 도전해 온 것인지도 모른다.

치예는 차가 절벽에 부딪혔을 때 즉사했다. 치예의 몸에서 붉은 피가 흐르고 있었다.

오타니씨의 눈에서도 검붉은 피가 흐르고 있었다.

딸에게 덤벼드는 아버지

오타니는 목숨을 건졌다. 그러나 검은 깃털이 꽂힌 눈은 실명하고 말았다. 병원에 들어가 있는 동안 오타니는 한마디도 지껄이지 않았다. 병문안을 온 사원이나 아이들의 목소리는 들리는 모양인데 그것에 대해 대답도 않는 것이다. 눈을 붕대로 칭칭 감은 채 침대 위에서 꼼짝도 하지 않았다.

친 자식들마저 그런 아버지의 태도에 두려움을 느끼게 되었다.

오타니의 태도는 퇴원하고서도 변함이 없었다. 집안을 묵묵히 걸어다니거나 생각에 잠겨 있는 것이다. 더욱이 한눈에 안대를 걸치고 또 한쪽의 눈으로 흘금흘금 사람의 움직임을 지켜 본다. 두 아이와 사찌꼬는 그런 오타니를 무서워했고, 그의 앞에 되도록이면 모습을 나타내지 않았다.

오타니의 생활은 확 바뀌었다. 특히 눈에 띄는 것은 그때까지 입에 댄 일도 없었던 소나 돼지의 날고기를 으쩍으쩍 씹어먹게 된 일이었다. 피가 뚝뚝 떨어지는 날고기를 먹고 피로서 물든 입둘레를 그대로 둔채 딸들을 힐끔 쳐다본다. 그 차가운 눈빛에 사람들은 그만 오싹하며 몸을 떨었다. 다만 그 뿐의 일이라면 그래도 좋았었다.

퇴원하고서 두 달쯤 지난 어느 날, 오타니는 복부의 상처가 아직도 완전히 낫지 않은 조카딸인 사찌꼬에게 덤벼 들었다. 사찌꼬의 숨 넘어가는 듯한 비명을 듣고서 오타니 댁에서 숙식을 하게 된 사원인 K씨와 장녀인 요시미가 달려와 사찌꼬는 가까스로 무사할 수가 있었다.

그리고 며칠 뒤, 이번엔 오타니가 요시미에게 달려들었다. 친 딸에게 말이다. 이때도 무슨 일이 일어나면…. 하며 주의하고 있던 K씨가 오타니를 뒤에서 끌어안아 제지했던 것이다.

오타니는 한 달쯤 전부터 1주에 3회쯤 회사에 출근하고 있었다. 갖가지의 서류에 도장을 찍든가 결재를 하든가 할 뿐으로서 입원하기 전과는 달리 묵묵히 일을 하는 일이 많아졌다. 그런 일 말고는 회사 내에서 특별한 이상은 발견되지 않았다.

그런데 사찌꼬와 요시미를 습격한 무렵부터 이상해지기 시작하여 서류에 눈길을 보내며 일을 하고 있는가 싶자 돌연 사원에게 덤벼들든가 내객에 대해서도 폭력을 휘두르게 되었다.

그렇게 되자 일이 문제가 되었다. 강제적으로 휴직이 명령되고 정신병원에 수용되었다.

병원에서 오타니는 침묵의 세계 속에 잠겨 가며 나날을 보내고 있었다.

1969년 2월, 오타니 일가가 브라질에 오고나서 3년째, 두번째의 카니발이 찾아 왔다.

불과 1년 전에는 오타니 댁에서 7명의 가족들, 오타니 부부와 세 아이들이, 그리하여 사찌꼬와 치예가 이 카니발을 고대하며 화기애애하니 행복한 가정을 꾸미고 있었다. 그렇건만 지금은 두 명의 여자 아이와 1세가 된 아끼오와 사찌꼬가 있을 뿐이다.

그 쓸쓸한 집에는 사원의 가족이 함께 입주하여 아이들의 시중을 들어주고 있었다.

그런 상황아래선 남겨진 두 명의 딸, 요시미와 리에도 두번째의 카니발에 갈 느낌이 들지 않았다. 카니발의 날부터 시작된 오타니가의 불행은 아직 끝나고 있지 않은 것이었다.

일가의 주인인 오타니씨는 정신 병원에 들어간 채 폐인이나 다름없으므로 무리도 아니었다.

입주한 사원 일가는 카니발을 구경하러 갔고 남은 요시미 등은 텔레비젼을 보고 있었다.

그때 병원에서 전화가 걸려 왔다. 오타니가 자살했다는 것이었다.

그날 저녁, 그러니까 카니발이 시작되었을 시각, 오타니는 병실의 벽에 머리를 부딪치고 머리뼈가 부숴지며 죽었다는 것이었다.

오타니의 머리에서 흘러나온 피는 역시 검붉은 빛이었다.

아이의 흰 이가 검어졌다

1969년 8월, 양친을 잃은 요시미, 리에 자매는 어린 동생과 쇼크로 산송장처럼 된 사촌언니 사찌꼬는 사원들의 부축을 받고 3년만에 귀국했다.

일본을 떠날 때 두 소녀의 가슴은 외국에의 동경과 꿈, 많은 희망으로 넘쳐 있었다. 그런데 브라질에서 경험한 일은 너무나도 불행하여 생각하기도 싫은 일뿐이었다.

다정했던 아버지와 어머니, 그리고 귀여운 동생 누구나가 무서운 최후를 맞고 있는 것이다.

될 수만 있다면 브라질에서의 사건을 모두 잊고 싶었다.

요시미 등 3남매는 미야사끼 껭(官崎縣)에 있는 조부모에게 몸을 위탁했다.

사찌꼬는 양친이 있는 홋카이도로 돌아갔다. 일본에 돌아가는 일이 결정되고서 사찌꼬는 노이로제처럼 되어 있었다. 눈에 보이지 않는 환영에 위협되고 있었던 것이다.

"검은 깃털이 날아다니고 있다."

"너울너울 예쁘게 떠 있다."

등등 엉뚱한 것을 지껄이는가 하면 마치 자살하기 직전의 오타니씨처럼 입을 꼭 다문채 말을 않든가 했다.

악령에 잡혀있다고 밖에 할 수 없는 상태였다. 젊은 처녀이면서 제대로 말도 하지 않은 사찌꼬는 폐인이나 같았다.

한편 미야사끼 껭의 조부모 집으로 간 요시미나 리에만 하여도 마찬가지였다. 정신상태가 안정되지 않아 학교에도 갈 수 없었다. 특히 라틴 음악—삼바나 맘보의 리듬이 라디오나 텔레비전에서 흘러나오면 그것만으로 강한 충격을 받는 것이었다.

12세가 된 리에는 어두운 장소를 극단으로 싫어했다. 오히려 격렬한 공포라 할 만큼 싫어했다.

또 새에 대해서도 공포감을 나타냈다. 닭은 물론이고 참새나 십자매와 같은 작은 새를 보고서조차 검은 깃털이 생각나는지 공포심을 노골적으로 드러내는 것이었다. '검은 깃털 사건의 후유증으로써 강박 관념이 계속되고 있는 것이었다.

3남매를 맡은 조부모는 그러한 아이들을 어떻게 취급하면 좋은지 어리둥절해 하고 있었다.

"내버려 두는 게 제일 좋을 거야. 시간이 지나면 원기를 찾겠지."

할아버지는 그렇게 말했고, 할머니도 그럴 밖에 없다고 맞장구를 쳤다.

그런 생활이 계속되고 있던 어느 날, 할머니가 호들갑스런 소리를 질러가며 할아버지를 불렀다.

"여보, 잠깐 와 봐요!"

그 목소리를 듣고서 할아버지가 급히 달려 갔다.

"이 아이의 이빨을 좀 봐요!"

할머니는 그렇게 말하며 울음을 터뜨렸다.

유치(乳齒)가 나기 시작한 1세 반의 아끼오의 입을 들여다보고 할아버지는 깜짝 놀랐다.

나기 시작한 무렵은 희던 이가 놀랍게도 새까매져 있었던 것이다. 그것은 마치 에도시대(江戶時代)의 기혼 여성사이에서 행해지고 있던 '오하구로' (이빨을 시커멓게 물들이는 풍습)와 같은 검은 빛깔이었다.

"어찌된 노릇이야. 이것은?"

원인을 모르는 채 할아버지는 그 이빨의 검은 색을 벗겨내려고 했다.

"나도 해보았지만 소용이 없어요."

할머니의 말처럼 이빨이 색깔은 조금도 달라지지 않았다.

그것을 안 요시미와 리에는 충격을 받았다.

"역시 아직도 저주되고 있어."

14세가 된 요시미는 그렇게 생각했다. 미야사끼의 조부모 집에선 브라질에서 일어난 사건 이야기는 웬지 모르게 금기가 되어 있었다. 그러나 아끼오의 검은 이를 발견하고서 요시미는 기특하게도 그것과 맞설 결심을 했다.

그 당시는 별로 알려고 하지 않았던 일 따위도 회사의 사람에게 전화를 걸어 되도록 자세히 알든가 하여 아버지와 어머니, 그리고 메이드인 치예의 죽음에 얽힌 저주의 소문이며 사실을 알았다.

요시미는 그와 같은 일에 관해 조부모와 의견을 나누었다.

"이만큼 여러가지의 일이 계속되니까 이제 미신이라며 외면할 수가 없다고 생각돼요."

요시미는 할아버지에게 그렇게 말했다.

"동티야, 이것은 동티야."

할아버지도 고개를 끄덕였다.

"그런 이야기라면 이번에는 아끼오에게 무슨 고약한 일이라도 생기는 거니?"

할머니는 그렇게 말하며 계속 울었다. 불행한 운명을 걸머진 아끼오는 무럭무럭 자랐다. 그 검은 이를 볼 적마다 등골이 오싹해지는 느낌이 드는 것이었다.

한없이 깊은 수렁에 스스로 들어가다

1971년 7월.

아끼오는 3세가 되었다.

어느 날 방에서 리에가 요시미 언니에게 말했다.

"언니, 아끼오가 무서워."

두 자매는 같은 방을 쓰고 있었다.

"무엇이?"

"나를 말끄러미 쳐다보는 거야…"

"세 살이 되고 지혜도 생겨 여러가지의 일에 흥미를 갖는 거란다."

"그런 게 아니라니까. 그 눈의 느낌이 싫어, 마치, 마치…"

리에는 그렇게 말하고 말문이 막혔다.

"마치? 아, 아버지의 눈과 같다는 것이니?"

"그래. 무섭다니까."

실제로 리에는 겁을 먹고 있었다. 아버지의 붕대로 한쪽 눈을 가렸었던 눈초리가 생각나서 몸서리가 처졌다.

"그것은 네 기분 탓이야."

요시미는 동생의 용기를 돋우어 주듯이 그렇게 말했다.

그러나 사실은 요시미도 같은 것을 느끼고 있었던 것이다. 아끼오는 한 달쯤 전부터 요시미에 대해서도 똑같은 시선을 보내고 있었다. 그런 눈빛과 마주 치게 되면 요시미는 뭐라 말할 수 없는 공포감과 불안에 싸이는 느낌이 드는 것이었다.

"아끼오는 악마의 자식이야."

리에는 그런 말까지 하게 되었다.

"리에, 그런 말을 해서는 안돼. 그렇다면 죽은 엄마가 가엾지 않아."

요시미는 언니다운 마음가짐을 보이면서 말했다.

그럭저럭 하는 사이 8월이 되어 먼저 맏딸인 요시미에게 탈이 나타났다. 연일 혹서가 계속되고 있던 어느날, 요시미는 아끼오를 보고 겁을 먹기 시작했다.

"아끼오가 무서워."

라며 도망쳐 다니기 시작했다.

아끼오의 모습이 보이지 않으면 좋은 데, 그와 만나면 두려움을 나타내고 시선이 마주치면 그 공포는 한층 심한 것이 되었다. 며칠이 지나자 이번에는 다른 증상이 보이기 시작했다.

"아끼오의 속에 무엇인지 보인다!"

그렇게 말하며 겁을 먹게 되었던 것이다. 무엇이 보이는지는 몰랐다. 하지만 아끼오를 응시할 때의 요시미의 태도에 변화가 나타났다. 아끼오의 신체를 통해 그 속에서 무언가를 탐지하는 듯한 눈초리로서 보게 되었던 것이다.

아끼오에 대한 공포감은 줄고 있지 않았다. 아끼오가 요시미가 있음을 깨닫지 못할 때에는 조금 떨어진 곳부터 동생의 내부에 서식(棲息)하는 무언가를 찾아내기나 하듯이 응시하고 있는 것인데, 어린 동생이 누나를 발견하고서 다가오면,

"아끼오, 무서워!"

하며 달아나는 것이었다.

그리고 얼마쯤 지나자 이번에는 아끼오의 속에 검은 그림자가 보인다고 주장하기 시작했다.

"검은 그림자가 아끼오를 꼬드기고 있는 거야."

그런 말을 지껄이게 되었던 것이다. 그리하여 여전히 아끼오를 겁내며 얼굴이 마주치면 달아나는 것이었다.

한편 어린 아끼오 쪽은 자기가 두려움의 대상임을 의식하고 있지 못했으리라. 자기를 발견하고 도망쳐 다니는 누나와 마치 술레잡기를 하며 놀고 있는 것처럼 생각되었을지도 모른다.

"누, 누나, 크, 크네요."

라고 하면서 재미있어 하며 좇아다니는 것이었다.

그런 날이 쭉 계속되었다.

요시미는 동생을 보기만 하면,

"검은 그림자가 보여!"

하며 미친듯이 울부짖어가며 도망치는 것은 여전했지만.

9월이 되었다.

요시미는 아끼오의 모습을 보지 않으면 아무렇지도 않았다. 학교에 가서 친구들과 여러가지로 이야기하는 것은 즐거움이었다. 학교의 벗들은 브라질에서의 저 저주스런 사건과는 관계없는 사람들뿐으로서 요시미 자매가 일본을 떠나 있는 동안의 여러가지 정보를 가르쳐 주었다.

고교에 다니게끔 되고서 1년이 지나고 있었으며 친히 이야기를 할 수 있는 친구도 조금씩 늘어 학교에 있는 동안은 그녀도 조금 원기를 찾는 것이었다.

그런 어느 날의 일, 요시기는 친구와 함께 학교에서 돌아오는 도중 조부모의 집앞 도로에서 놀고있는 아끼오의 모습을 보았다. 동시에 동생도 요시미를 발견하고 두사람의 눈이 마주 쳤다.

요시미의 몸이 부들부들 떨기 시작했다. 그대로 얼마동안 두사람 모두 그 자리에서 우뚝 서버린 채 움직이지 않았다.

먼저 아끼오 쪽이 움직이기 시작했다. 아끼오는 누나 쪽으로 한걸음 다가섰다. 그러자 요시미는,

"으악!"

하고 외치며 달아나기 시작했다. 가방을 내던지고 마치 맹수에게 쫓기기나 한 것처럼 무서운 속도로 달리기 시작했다.

아끼오는 그 자리에 우뚝 선 채이다. 그러나 요시미는 계속 뛰었다. 근처의 밭을 가로 지르고 숲속에 들어가고서도 아직 뛰었다.

"검은 그림자!"

"검은 그림자가 쫓아온다!"

그런 것을 외치면서 자꾸만 뛰고 있었다. 그리하여 그대로 평소는 위험하므로 다가가서는 안 된다고 일컬어지고 있는 깊이를 모르는 늪을 향해 갔다.

요시미는 정신없이 주위의 상황을 도무지 파악하고 있지 못했던

것이다. 다만 오로지 달아나는 일만을 생각하고 있었으리라.

그리하여 늪 속으로 뛰어들고 말았다. 이튿날 요시미의 익사체가 발견되었다. 이상한 일로 아무런 외상도 없었건만 그 시체는 검붉은 피로 물들어 있었다.

되풀이 되는 괴기한 꿈

요시미의 장례식이 올려졌다.

일본에 돌아오고 나서 2년 가까이, 그런대로 평온한 날이 계속되고 있었는데 역시 '검은 털'의 저주는 풀리고 있지 않았던 것이다.

마침내 남은 것은 15세의 리에와 4세가 된 아끼오뿐이었다.

리에로서는 너무나도 가혹한 4년간이었다. 본래대로라면 청춘시대의 가장 즐거운 시기였을 터인데….

외톨박이라고 해도 좋은 듯한 상황에 놓여진 리에는 친구와의 교제도 없게 되어 완전히 인간 혐오증에 걸리고 말았다. 학교의 수업중에도 멍청하니 다른 일을 생각하든가 하는 일이 많아졌다.

담임 선생도 그런 리에에 대해 걱정했다. 물론 조부모의 걱정은 그것 이상이었다.

두사람은 근처의 절 주지와도 의논을 했지만,

"외국의 저주에 대해선 모르니까요."

라고 도무지 힘이 되지 않은 대답이 돌아왔을 뿐이었다.

그럼에도 그 절에서 마귀를 피하는 부적을 만들어 주었다. 마음의 위안에 불과할지도 모른다 생각하는 한편에서 혹시 하는 기대도 있었다.

리에는 검은 깃털이니 검은 그림자이니 하는 말은 전혀 입에 올리지 않았다. 양친을 비롯하여 가족에게 덮씌워진 무서운 사건을 되도록 생각하지 않으려는 것인지, 그런 것을 화제로 삼는 일도 없었다.

학교 생활 중에서 운동만은 좋아하는 모양으로, 꾸밈없이 자유롭게 몰두하고 있었다.

"아끼오와 리에를 따로따로 하는 편이 좋지 않을까."

할머니는 그렇게 말하기 시작했지만, 할아버지로선 판단이 되지 않았다. 따로따로 하면 오히려 나쁜 결과가 나타나는게 아닐까 하는 느낌도 들었다.

또한 '죽음'이라는 것의 의미를 잘 모르는 아끼오는 요시미 누나가 죽었을 때도 언제나 옆에 있던 사람이 없어진 일에 의문을 갖고서,

"큰 누나는 어찌 되었지?"

하고 물었는데, 1주일이나 지나자 할아버지와 할머니와 누나와의 네식구의 새로운 생활에도 익숙해진 모양이었다.

불길하고 무거운 주위의 공기와는 상관없이 어린 아끼오는 무럭무럭 자랐고 개구장이 사내 아이로 성장했다. 그러나 검은 이는 여전히 그대로 였었다. 조부모도 리에도 그런 이를 볼 적마다 뭐라 말할 수 없는 불길한 느낌을 받는 것이었다.

1972년 2월.

브라질에선 카니발이 행해지는 시즌이 되었다. 2월이 되면 리에는 싫더라도 브라질의 일이 생각났다.

밤에 이불 속에 들어가 있으면 아빠나 엄마의 일이 생각난다. 되도록 즐거웠던 일만을 생각해 내도록 하고 있었다. 어렸을 무렵부터 아이들을 잘 보살펴 준 아버지였다. 함께 놀아주고 서로 웃었던 일, 기뻐하며 응석을 부리던 일… 즐거운 추억은 많이 있었다.

그러나 그러한 것을 돌이키고 있으려니까 자연히 저 끔찍한 사건의 갖가지가 머리에 떠오를 것만 같아 황급히 그것을 머리에서 떨쳐버리는 것이었다.

잠이 깨어 있을 때에는 그래도 좋았었다. 잠이 들고 꿈을 꾼다. — 그 꿈까지 컨트롤할 수 없었다. 몇 개의 패턴이 꿈속의 광경에 있었다. 똑같은 꿈을 되풀이 꾸는 것이다.

하나는 한눈에 안대를 한 아빠가 날카로운 눈으로 이쪽을 노려보고, 그러고서 자기에게 덤벼드는 꿈이었다. 다가온 아빠는 시커먼 큰 그림자가 되고 눈만 그것도 한쪽의 눈만을 이글이글 번뜩이며 자기에게 덮쳐오는 것이다.

또 하나의 꿈에서는 검은 그림자의 사나이, 그것도 꼽추와 같은 사나이가 검은 깃털을 창던지기라도 하는 듯한 느낌으로 씽씽 던져온다. 그런 깃털로부터 달아나고파 필사적으로 달아나지만, 뜻대로 빨리는 달릴 수 없다.

"달아나야 한다!"

고 열심히 달아나는 것이었지만, 검은 그림자와의 거리는 차츰 좁혀지고 만다. 무섭고 무서워서 식은 땀이 나고 목이 바싹바싹 타들어오는 것이었다.

또 하나의 꿈에는 아끼오가 나타났다. 아끼오의 검은 이빨이 드라큘러와 맹수의 이빨처럼 길게 뻗어온다. 그리하여 그 긴 이를 드러내고 큰 입을 벌려가며 덤벼드는 것이다. 리에는 공포를 느끼고 달아나려고 한다. 하지만 움직일 수가 없다. 그곳에 아빠가 지나간다.

"아빠, 살려줘!"

외치는 것이지만 소리가 되지 않는다. 이윽고 아빠가 리에 쪽으로 얼굴을 돌려 준다. 다정했을 때의 아빠이다.

"살았다."

리에는 안심이 되면서 아빠를 향해 걸어간다. 아빠가 점점 가까와진다. 그러자 아빠의 얼굴이 다정한 얼굴에서 급격히 저 무서운 형상으로 바뀌고 만다.

"으악!"

하고 외치지만, 그 외침소리도 목소리는 되지 않는다.

그런 꿈인 것이다.

어느 꿈을 꾸었을 때도 식은 땀을 흠뻑 흘리고 있다. 밤새도록 내내 울어 베개가 눈물로 푹 젖어있는 일도 있었다.

2월만 지나가면, 리에는 저 저주스런 카니발의 시즌이 조금이라도 빨리 지나가기를 소원하는 것이었다.

이제 곧 2월이 지나려는 어느 날, 리에는 자기의 방에서 코타쓰(실내용 화로 양철통 속에 화로 따위를 넣고 침구를 덮어두는 난방용구)에 들어가 공부하고 있었다.

교과서를 펼치고 정신을 집중하고자 노력하고 있었지만, 공부가 조금도 머리속에 들어오지 않았다. 어딘가 먼 곳에서 작은 소리이지만 삼바의 리듬이 흘러오는 듯한 느낌이 드는 것이었다. 그런 삼바의 리듬에 끌려들어 가듯이 어느덧 꾸벅꾸벅 졸았다. 그리하고 또 저 싫은 꿈을 꾸었다.

아끼오가 검은 이를 드러내고 쫓아오는 꿈이다. 그러나 그날은 그 꿈이 도중에서 깨어졌다. 꿈이 아니고 현실로 누군가 목을 조르고 있다.

섬칫하여 잠이 깨자 어느 틈엔가 방에 들어왔는지 동생이 리에의 목을 조르고 있는 게 아닌가. 그 힘은 4세의 어린애의 것이라 생각될 수 없을 만큼 강했다.

"아끼오, 무슨 짓이니!"

하고 외치면서 리에는 동생의 눈을 뿌리치며 밀어젖혔다. 방의 구석에 나가떨어진 동생은 곧 일어났고 큰 목소리로 무언가 외치면서 다시 그녀에게 덤벼들었다.

리에는 필사적으로 반항했다.

"그만 두라니까!"

그렇게 말하면서도 말해야 소용 없음을 알고 있었다. 아끼오에게 악령이 붙어 있음은 이때까지 경험해 온 때와 마찬가지로 명백한 것이다. 그러나 중지시키지 않으면 안되었다.

"아끼오, 누나잖아! 누나야!"

필사적으로 아끼오의 몸을 찍어누르고 예사롭지 않게 번뜩이는 그 눈을 노려보았다. 그러나 아끼오에는 통하지 않았다.

입에서 거품을 푸는듯한 기세로 리에의 팔을 물었고, 그녀가 주춤하는 틈에 다시 목을 조르려고 한다.

얼마쯤 두사람의 다툼이 계속되었을까? 깨닫고보니 리에의 앞에 아끼오가 축 늘어져 있었다.

어린이라 생각할 수 없는 무서운 힘으로 습격되고, 물어뜯기든가 목이 졸리는 것을 막든가 하는 사이 그만 자기도 모르게 리에쪽이 거꾸로 아끼오의 목을 졸라 죽이고 말았던 것이다.

영매의 소원도 통하지 않고

아버지, 어머니, 언니, 동생, 그리고 남동생, 오타니가 일가족 6명중 5명까지가 차례로 죽어버리고 리에만이 남았다.

경찰은 리에의 정신이 착란을 일으켜 어린 동생을 죽인 거라고 판단했다. 무리도 아니었다. 브라질에서 일어난 '검은 깃털'의 저주에 대해 설명해도 경찰이 믿어 줄 턱이 없었다. 그러나 살해된 아끼오의 이빨이 예사롭지 않게 검다는 것과 그리고 교살(教殺)되었을 터인데 왠지 검붉은 피가 대량으로 다다미에 흘러나와 있어 인간의 모양을 그리고 있던 사실은 경찰의 감식계원도 이해할 수 없는 불가사의한 일이었다.

"가엾게도…"

할머니는 어린 아끼오의 위패를 향해 매일 경문을 올리면서 눈물지었다[일본은 집집마다 불단이 있고 그곳에 위패를 모시면서 목탁을 두들겨가며 공양한다. 또 '가미다나라고 시렁을 매고 그곳에 신을 모시며 예배한다].

아끼오의 죽음에 이르는 행동이 자기 자신의 의지에 의한 것이 아니고, 무엇인가에 꼬드겨진 것이었음을 조부모는 믿고 있었다.

"어떻게 하지 않는다면 리에까지 죽고만다."

할머니가 그렇게 말했으며 할아버지도 동감이었다.

여러 사람과도 의논하고, 갖가지 연줄을 따라 어떤 영매(靈媒)의 힘을 빌리기로 했다. 영매로써 능력이 있다고 인정되는 노파였다.

그 영매인 노파는 정좌하고서 리에와 마주 앉았다. 그리하여 주문을 외우기 시작하자, 리에는 무의식 상태가 되고 영매의 뜻대로 되는 트랜스(trance)상태에 빠졌다.

영매는 리에의 몸에 빙의하고 있는 악령을 불러낸다.

"당선은 누구지?"

영매는 쉰 목소리이긴 하지만 단호히 악령을 향해 말을 붙였다. 그랬더니 그 악령은 영매의 노파를 통해 말하기 시작했다.

"나는 페드로이다. 리카르드 씨의 집에서 하인으로 일하던 사내이다."

리카르드란 오타니가 상파울로에서 살고 있던 집의 첫 소유자였던 브라질 사람이라고 한다.

"리카르드에게 학대되었다. 지독한 사람이었다. 우리들을 인간으로써 취급해 주지 않았다…. 오히려 말 쪽이 소중하게 다루어졌다. 우리들 하인이나 하녀는 돼지 비슷한 것이었다. …조금이라도 잘못하면 몹시 매질을 당했다. 그것도 채찍으로 때리는 것이다. 나쁜 인간이었다. 나뿐 아니라 하녀인 이본느며 카티도 심한 꼴을 당했다…. 술 취하면 더 심해지는 것이었다. …형편없는 인간이었다."

페드로의 영은 살았을 때 받은 무도한 취급에 대해 품고있는 원한을 끝없이 호소하는 것이었다.

"나는 학대되었다. 학대되고 학대되어 죽었다. 아니, 리카르드 나리에게 죽임을 당한 것이나 같다. 상처를 입었는데 치료도 해주지 않았다. 게다가 사흘동안 아무것도 먹여 주지 않았던 것이다…."

페드로는 리카르드를 몹시 원망하면서 죽었던 것이었다.

"너는 죽은 것이다."

하고 영매가 페드로의 영을 타일렀다.

"그리고 오타니가는 너와는 관계없지 않는가. 오타니가를 저주하는 것은 잘못이야. 눈을 감도록 해라!"

영매는 세게 꾸짖었다. 그러나 악령은 듣지를 않았다.

"안돼, 나는 눈을 감을 수가 없어. 그것은 그 사내 탓이다. 새로운 나리다. 외국에서 온 나리다. 그렇지, 이 소녀의 아버지다. 그 사내가 뜰에 말뚝을 박고, 그때에 내 영체(靈體)가 부스러지고 말았던 거다. 그러니까 나는 눈을 감지못한다. 나는 그 사내의 일족을 모두 멸망시켜야 하는 거다."

악령은 단숨에 그렇게 말했다.

그리하여 영매의 몸을 사용하여 리에쪽에 오른 손을 내밀며 그녀를 가리켰다.

"저 한사람. 이 소녀로 마지막이다."

그렇게 말하고나자 영매인 노파는 털퍼덕 다다미 위에 엎드러졌다. 악령이 가버렸던 것이다. 영매인 노파의 필사적 노력도 악령에는 통하지 않았던 것이다. 그리하여 마침내 리에에게 그날이 오고 말았다.

1972년 6월.

리에는 어디서부터인지 날아온 '검은 깃털'을 심장에 맞고 죽었던 것이다. 자고 있던 이불의 흰 홋이불을 검붉은 피로 물들이고서….

저자가 체험한 충격적 레포트

나는 영을 보았다!

1. 흐느껴 우는 유령

최근에, 도쿄 가쓰시까구에 사는 어느 소녀로부터 한통의 편지가 왔다.

〈지난 번에 어머니와 동네 아주머니들에게서 유령 저택이 있다는 이야기를 들었습니다. 그곳에는 여자 유령이 나온다고 합니다. 정말 일까요? 기분이 나쁩니다.〉

편지를 읽은 필자는 수년 전에도 애독자에게서 이와 같은 편지로, 도쿄 오오다구에 유령 저택이 있다는 것을 알고 즉시 가서 조사를 했던 일을 생각해 냈다.

그 저택은 밖에서 보기만 해도 등골이 오싹해질 만큼 무시무시한 건물이었다. 안으로 들어간 나는 무시무시한 유령의 흐느껴 우는듯한 목소리를 듣고 몸서리를 쳤었다.

—혹시 이번에도—

나는 싫어하는 기자와 소녀 시마 요시꼬양(중 1)을 데리고 즉시 문제의 장소로 달려 갔다.

현지에 도착한 우리는 S · Y양의 편지만으로는 유령 저택이 있는 장소를 정확히 알 수 없었다. 그래서 근처에 있던 채소가게 아주머니에게 물어보았다.

"오오라! 그 유령 저택 말이군요. 꽤 오래 전에도 여러가지 소문이 있었거든요. 정말인지 거짓말인지 모르지만 아이를 걱정하는 어머니의 유령이 나온다는 소문이었거든요…."

아주머니는 연필에 침칠을 하며, 포장지 뒤에 약도를 그려 주었

다.

필자는 지금까지 유령 저택이라는 것을 몇번 보러 간 일이 있다. 하지만 이런 번화한 곳에 있는 유령 저택은 처음이었다.

요시꼬양의 얼굴을 보니, 긴장하여 약간 창백해지고, 기자는 약도를 다시 보면서 뭔지 연신 고개를 끄덕이고 있었다. 역시 '유령 탐방'에 흥분하고 있는 것처럼 보였다.

아무래도 아주머니가 그려 준 약도가 잘못된 건지, 목적지인 저택을 찾을 수가 없었다. 초조해진 기자는 마침 물을 뿌리고 있는 양품점 점원에게 조금 전의 약도를 보이면서,

"이 유령 저택은 어데입니까?"

하고 물어보았다.

"뭐요? 또 그거요?"

순간, 그녀는 큰 소리를 냈으나, 유령 저택에 대해서는 자세하게 여러가지를 이야기해 주었다.

그녀의 이야기에 의하면, 그 저택은 예전에 병원이었던 건물로 원장 선생님이 돌아가신 뒤 부인이 여관으로 바꾸었다. 헌데 그 부인이 미까와섬에서 전차 사고로 사망하고 말았다.

그날, 부인은 친지 집에 갔다가 자고 가라는 권유를 받았으나, 두 아이의 일이 걱정이 되어 돌아오던 도중에 그만 사고를 당한 것이었다.

그런 뒤 얼마 후 그 여관은 어느 백화점의 남자 기숙사가 됐다는 것이었다.

"전에도 기숙사에 계신 분이 곧잘 물건을 사러 와서 무서운 이야기를 하고 돌아가곤 하였습니다."

여자 점원은, 들은 이야기를 생각해 보는듯 입술을 사려물었다.

—그것은 새벽 2시 쯤이었다.

저벅, 저벅, 저벅—.

잠에 취한 눈으로 화장실에 가려고 일어난 사나이는 그 으시시한 소리에 걸음을 멈추고 말았다. 사나이는 눈을 부비고, 숨을 들이쉬며 물끄러미 어둠속을 바라다보았다. 아무 것도 보이지 않았다. 하지만 으시시한 발걸음 소리만은 들려 왔다. 사나이는 비명을 지르고 이불 속으로 기어들었다.

뚝, 뚝, 뚝, 뚝—.

숨을 죽이고 있는 사나이의 귀에 이번에는 물이 떨어지는 소리가 들려 왔다. 사나이의 몸은 와들와들 떨리며 비명을 지르려고 하여도 목소리가 나오지 않았다.

"이 사람은 그 다음날, 기숙사에서 나가고 말았다더군요. 그런 무서운 일을 몇사람인가 당했다나 봐요…. 뭐… 최근에 제령을 하였다나 봅니다."

요시꼬양과 기자는 창백한 얼굴로 여점원의 이야기를 듣고 있었다.

"역시, 편지는 사실이었군요."

요시꼬양은 치솟는 무서움을 안간힘을 쓰며 참으면서 필자에게 이야기를 건넸다.

필자는 순간, 대답이 궁했다. 틀림없이 지금까지 들은 이야기로는

문제의 집에 무슨 일인지 일어났던 것만은 사실인듯 했다.

하지만, 사람은 때때로 무서운 환각(幻覺)을 보는 수가 있다. 여자 점원이 이야기한 사나이의 경우도 환각을 본 것인지도 모른다.

길을 돌아가는 건지 역시 문제의 집은 찾을 수가 없었다. 마침 그곳에 신문을 배달하는 노인이 지나가기에 물어보았더니,

노인은 잠시 생각에 잠긴 뒤,

"유령이 나왔다는 사람도 있고, 나오지 않았다는 사람도 있소. 나는 보지 못했으니, 뭐라고 말할 수 없지. 하지만 그 집은 아무래도 못쓰겠어. 그 집은 왠일인지 부부가 모두 묘하게 죽었거던…."

하고 시답지않게 이야기해 주었다.

차가운 것이 방울방울 떨어지기 시작하였을 때, 겨우 문제의 집을 찾아냈다.

"어쩐지 이상해요."

요시꼬양은 그 집을 본 순간 몸을 움추리며 말했다. 그 저택은 소문대로 으시시한 분위기를 풍기고 있었다. 기울어진 집채, 흘러내리고 있는 기와, 덜컹덜컹 기분나쁜 소리를 내는 유리창, 신음하는 듯한 소리를 내는 정원수—.

기자는 문을 밀어 열려고 했다. 하지만, 그 문은 못질이 되어 있어서 기분나쁜 소리를 낼 따름이었다.

"여보세요. 집 주인이 있으니까 연락해 보시는 게…."

친절해 보이는 사람이 전화번호를 가르쳐 주었다.

"실은 독자에게서 편지가 와서요…"

"사절하겠소."

집 주인은 찰칵 하고 전화를 끊었다.

우리는 이 정도에서 조사를 중단하는 수 밖에 없었다. 우리들의 발밑을 제령하는데 사용한 종이쪽지가 바람에 흩날려 저택 안으로 사라져 갔다.

2. 으시시한 소리를 내는 부모와 자식의 영

"유령 말이지, 그래, 그곳이라면 나올지도 모르겠는걸. 그렇지만 책임은 질수 없어요."

최근에 필자는 우연히 알게 된 경관에게서 유령 저택을 알아낼 수 있었다. 구마 모또껭 기하라 지방에서 있었던 일이다.

"저는 빠지게 해주십시오."

유령을 아주 싫어하는 카메라 맨은 예정 밖의 일이었으므로, 먼저 돌아가고 말았다.

유령 취재에서 카메라 맨이 도망치는 일은 지금까지도 왕왕 있었으므로 필자는 별로 마음에도 두지 않고 혼자서 카메라를 들고 갔다.

동네에서 차로 20분 가량의 거리였다.

"손님, 그 도깨비 나오는 집에 무엇하러 가십니까?"

택시 기사가 이상하다는 듯이 필자의 얼굴을 들여다 보았다.

"무서운 유령이 나온다기에 연구하러 가네."

"해로운 말 하지 않으니, 그만 두시는게 좋지 않으시겠습니까? 큰 봉변을 당하십니다요."

기사는 뚜렷한 이유를 말하지 않고 취재를 그만두라고 권했다.

하지만 필자는 그 충고를 듣지 않고 유령 저택으로 갔다.

"그럼 조심하십시오."

기사는 필자를 내려놓더니 재빨리 돌아갔다.

"이것이 유령저택인가?"

필자는, 집을 잘못 찾은 게 아닌가 생각했다.

공원처럼 넓은 나무들이 울창한 숲속에 작은 집이 오뚝 있을 뿐으로 집 그 자체도 유령저택의 이미지는 전혀 없었다.

"예, 예예, 그렇습니다…."

필자는 십분 가량 걸어간 곳에 있는 구멍가게에 가서 잘못 찾은 건지 어쩐지를 확인하였다.

접대하러 나온 노인은 필자를 물끄러미 보면서 깜짝 놀란듯이 대답했으나, 곧

"뭐하러 오셨소?"

하고 따지는 듯한 말투로 물었다.

필자가 연구하기 위해 취재 왔다고 대답하자, 노인은 얼굴빛이 어두워지며 기분이 언짢아지더니, 그 다음에는 무슨 말을 물어도 대답하지 않았다.

하는 수 없이 필자는 근처에 있던 국수집에 들어가 넌즈시 이야기를 듣기로 하였다.

"허어, 도쿄에서 일부러 말이죠…."

국수집 주인은 딱하다는 듯이 말하며, 필자의 테이블에 와서 이야기를 해주었다.

"구멍가게 할아버지는 유령과는 육친 관계랍니다. 그러니까 재미없게 되었죠. 그도 그럴 것이 그 일족은 저주를 받은 것 같아요. 모두 불행하게 죽었으니까요."

국수집 주인은 아주 자세하게 알고 있었다. 그의 이야기로 유령의 정체는 알 수 있었다.

유령은 모자 사이이며 계속되는 불행을 괴로워 하여 자식과 동반자살을 한 야마모또 집안의 며느리였었다.

야마모또 집안은 악령의 저주를 받은듯, 몇대 전부터 숲속의 집에 사는 사람은 거의 미쳐 죽거나 원인모를 병으로 갑자기 죽거나 하고 육체적으로도 기형아가 많이 태어났다.

유령의 아이도 혀 끝이 갈라지고 게다가 상반신이 뼈 없는 사람처럼 흐느적거렸으며 그 아버지도 갑자기 미쳐서 목 매어 자살을 하였다고 한다.

"남편이 죽은날 밤 모자(母子)가 동반자살을 하였으니까, 한꺼번에 세 사람의 초상을 치룬 셈입니다. 벌써 5년 전의 일이군요."

"어땠어요. 유령이 나왔었나요?"

그날 밤, 필자는 밤 11시 부터 새벽까지 유령 저택의 뒷뜰에서 망을 보고 있었으나 끝내 유령은 나오지 않았다.

"실패했습니다."

날이 새자 찾아온 국수집 주인에게 필자는 쓴 웃음을 웃어 보였다.

하지만, 필자는 그날 밤 망을 보는 도중에, 물체화 된 유령은 보지 못했지만, 어떤 것을 느낄 수 있었고, 집에서 랩현상(유령이 나타나기 전에 일어나는 생나무 찢는 듯한 소리)이 나는 것을 들었다.

"하룻밤 더 망을 보겠습니다."

국수집 주인은 필자의 얼굴을 딱하다는 듯이 보고 있었다.

이튿날 밤은, 오후 10시 부터 전날 밤과 꼭 같은 곳에서 유령이 나타나기를 기다렸다.

그날 밤은 달이 달무리져 보였다. 가을의 달은 구슬프고, 게다가 차갑게 느껴졌다.

12시 가까이 냉랭한 바람이 숲속의 초목들을 술렁거리게 하기 시작했다.

물끄러미 한 집을 응시하고 있던 필자는, 갑자기 으시시한 추위를 느끼고 몸을 떨었다.

"나오는군…."

필자는 마음 속으로 그렇게 생각했다. 등골이 오싹오싹한 소름이 끼치는 듯한 추위를 느끼면 틀림없이 유령이 나타나는 경우가 많다.

짝!

크게 랩현상이 두번, 세번 일어났다고 생각된 순간, 집 안에서 하얀 두 개의 사람 모습이 쑥 나타났다.

"나왔다!"

필자는 물체화 된 유령을 놓치지 않으려고, 숨을 죽이고 온 신경을 두 눈에 집중시켰다.

촉촉히 땀이 밴 손은 바들바들 떨리고, 심장의 고동소리가 나의 귀에도 크게 들렸다.

단정한 일본 옷 차림의 모친과 새 셔츠와 바지를 입은 아들 유령은, 말 없이 나에게로 다가 왔다.

어름처럼 차가운 모자의 눈초리가 나를 응시했다. 그 순간 나의 심장은 공포로 금방이라도 멎을 것만 같았다.

모자 두사람의 유령은 쑥 내 쪽으로 다가왔는가 싶더니 갑자기 방향을 바꾸어 숲 쪽으로 갔다.

나는 날침을 삼키면서 그들의 뒤를 따랐다.

히히히힛!

한그루 소나무가 있는 곳에서 걸음을 멈춘 유령은 으시시한 소리를 지르자마자 그 나무에 몸을 부딪혔다. 그 이상한 광경에 필자는 그저 멍청히 서있을 따름이었다.

모자 둘의 유령은 곧 사라졌으나, 나는 날이 새도록 그곳에 서있었다.

3. 어둠에 떠오르는 혼불

[갑자기, 눈 앞의 어둠 속을 긴백발을 흣날린 노파처럼 보이는 사람의 그림자가…]

비가 멎은 어느 무더운 여름 밤의 일이었다. 잠을 이루지 못해 자전거를 타고 여늬 때와 같이 공원묘지로 산책을 나갔다.

울창하게 우거진 나무 숲이 사각사각 소리를 내며 훈훈한 바람을 보내 오고 있었다.

갑자기 눈 앞의 어둠 속을, 긴 백발을 흣날린 노파처럼 보이는 사람의 그림자가 소리없이 스쳐 갔다. 등줄기에 찬물을 끼얹은 것 같고, 핸들을 잡은 손이 부들부들 떨렸다.

—이런 이야기를 들은 나는, 혹시 환각(幻覺)인지도 모를 거라고 생각하면서 지바껭 마쓰도시의 야쓰바시라 공원묘지로 향했다.

그 근방 사람에게 그런 이야기를 물어보았더니,

"글쎄요…."

"아, 혼불은 흔히 볼 수 있어요."

"불교식으로 장사지낸 지 얼마 안된 죽은 자(死者)가 있을 때는 흔히 교통사고가 나지만, 무슨 관계가 있는 건가?"

하는 것이었다.

혼불은 묘지가 있는 곳이면 흔히 볼 수 있는 일이며, 그다지 신기한 일도 아니라고 생각했으나, 사고가 생긴다는 것은 역시 예사일이 아니다.

나는 백중맞이 뒤의 어느 날 밤에 기자와 함께 공원묘지 안에서 지내기로 했다.

그곳은 넓은 묘지 안으로 오래된 묘석과 세운지 얼마 안되는 묘표

가 무수히 늘어서 있었다.

별 하나 없는 어두운 밤은 점점 깊어가고, 곁에 있는 기자의 얼굴도 뚜렷이 보이지 않았다.

오전 1시 20분, 필자는 온 몸이 뭐라고 말할 수 없이 떨리기 시작했다.

—음, 느낀다—

몇년 전, 이 눈으로 똑똑히 유령을 보았을 때와 같은 기분이었다.

"앗 불이다."

눈 여겨 본 어둠의 저쪽에 희미하게 파르스름한 불길같은 것이 보였다.

기자는 계속 셔터를 눌렀다. 필자는 그 정체를 확인하려고 그 무덤에 다가 갔다. 그러자 그것은 곧 사라지고 말았다.

나는 조심조심 그 무덤 주위를 조사하여 보았다. 뭔가 잘못 보았는지도 모른다.

그곳에는 오래 된 묘석이 있을 따름이었다.

오전 2시 5분.

"앗!"

우리는 놀라 숨을 죽였다. 이럴 수가! 흰 묘석 옆에 어린이 몸만한 흰 그림자가 하늘 하늘 움직이고 있는 게 아닌가!

"역시 나왔다!"

우리는 떨면서 그것을 확인하려고 살며시 다가갔다.

허나 '유령'이라고 생각했던 그 흰 그림자는 쟁반에 관 등이었던 것이다.

우리는 마음이 놓이면서도 낙심이 되어 두 세걸음 되돌아 가려 했다.

"야—옹!"

사방이 고요를 찢어발기는 듯한 소리가 나고, 깜짝 놀란 우리의 발치께를 강아지만한 시커먼 큰 고양이가 몸서리치도록 무서운 눈을 번들거리며 이빨을 드러내고 달려 갔다.

심야의 묘지 안에서 검은 고양이가 달리는 것을 보면 불길한 전조라고 한다. 나는 솟아나는 식은 땀을 닦으려고 하였다. 하지만 무서움에 떨리는 손은 주머니의 손수건 조차 꺼낼 수 없었다.

앵— 앵—

모기떼들이 우리를 엄습해 왔다. 물렸을 때의 통증은 마치 바늘에라도 찔린 것 같았다.

그것은 모기라기 보다 마치 무덤에 숨어있는 우리를 쫓아버리려는 죽은 이의 재생된 모습처럼 생각되었다.

하지만 다음 순간 나도 기자도 기겁을 하게 놀라 몸을 움추리고 말았다.

사람의 얼굴 크기만한 파르스름한 불덩어리가 긴 꼬리를 끌고 바로 앞의 무덤 속에서 휘익 날아가 어두운 밤하늘을 맴돌면서 저쪽 숲으로 사라졌던 것이다.

멀건이 서있는 기자는 카메라의 셔터를 누르는 것조차 잊고 목쉰 소리로,

"나왔다. 저거야 말로 혼불이다!"

하고 계속 중얼거리고 있었다.

혼불은 개스가 타는 현상이므로 죽은 사람과는 관계가 없다고 말하는 학자도 있다. 하지만 필자는 바로 앞에서 본 그 혼불이 아무래도 개스가 탄 것이라고는 생각할 수 없었다.

조금 전의 검은 고양이 하며, 혼불이 나타난 묘석 하며 뭔가 과학적으로는 설명을 할 수 없는 죽은 사람의 혼이라는 것을 느끼게 하였다.

소문에 들은 노파의 유령이라는 것은 우리가 본 혼불이었을까?

4. 무인(無人)부락의 영

[우라시마 다로오의 전설이 있는 반도에 도대체 무슨 일이 일어난 것일까….]

유령 도시가 당고(丹後)반도에 있다.

이 일을 내가 듣게된 것은, 마이니찌 방송에서 이것을 프로에 넣게 되었을 때였다. 당고반도라고 하면, 아름다운 구름다리라든가 우라시마 다로오의 요술상자를 보존하고 있는 신사(神社)가 있다든가하여 떠오른다는 것은 꿈같은 영상이었다.

작년 겨울 여성 여섯명의 그룹이 당고반도의 북쪽에 있는 요시다니라는 부락에 갔다. 갔다고 하기보다는 눈 속을 걷다가 그리로 나오고만 것이었다. 그녀들은 요시다니의 산 중턱에 있는 인가를 찾아 그곳에서 잠깐 쉬어가려고 생각했다.

"계십니까?"

그녀들은 여러 집의 문을 열었으나 어느 집이나 사람이 없었다.

"하지만 어느 집에나 화로가 놓여 있거나 씻다 둔 듯한 찻잔이 있거나 하여…"

마치 바로 전까지 있던 사람들이 갑자기, 뭔가에게 납치당하고 만게 아닌가 하고 생각하고 싶어질 듯한 상태였었다.

그녀들은 식구들이 돌아와서 꾸중하면 사과할 셈으로 한 큰집에 들어가 그곳에 있던 풍로와 남비를 써서 즉석 식품을 만들어 먹었다.

밤중이 되어도 아무도 돌아오지 않았다.

그녀들은 몸을 서로 맞대고 잤다. 새벽 2시가 넘자, A녀와 B녀는 화장실에 가려고 일어났다. 회중전등의 불빛에 의지하여 화장실에

가려고 했다.

"악!"

A녀가 B녀에게 매달렸다. 앞을 보니 하얀 여름 브라우스를 입은 젊은 여성이 그곳에 서 있었던 것이다.

"저……"

두 사람은 그 여성이 이 집에 사는 사람으로 알고, 자기들이 허락없이 쓰고 있는 것을 사과하려고 하였다. 하지만 다음 순간 두 사람은 기절할 정도로 충격을 받았다. 젊은 여성의 모습이 소리없이, 자취조차 없이 사라져버린 것이다.

두 사람은 충격을 받은 나머지, 화장실에 가는 것도 잊고 친구들에게 달려 와 그들을 깨우고, 방금 본 젊은 여성의 일을 이야기했다.

"사라졌단 말야. 유령이야……."

그녀는 무서워서 도저히 잠을 잘 수 없었다. 날이 밝기를 기다려서, 그녀들 일행은 도망치듯 요시다니 부락을 나섰다. 큰 길에서 그녀들은 구멍가게 한 집을 발견하여 들어가 음료수로 목을 추기며 어젯밤의 무서운 이야기를 주고 받았다.

"어쩌자고 그런델 갔었노?"

가게집 노파가 어이 없다는 듯한 얼굴로 그녀들을 보았다. 노파의 말에 의하면 요시다니에는 지금 사람이라곤 한사람도 살고 있지 않았다. 모두 입던 옷 그대로 어데론가 가버렸다. 집집마다 텅 비어 유령도시가 되었고 그녀들 일행이 묵었던 집에서는 스물두살 된 딸이 자살하였고 식구들은 지금 어데로 갔는지 모른다는 이야기였다.

"우리가 본 건 자살한 딸의…"

A녀와 B녀는 어젯밤의 무섭던 일을 생각해 내고 새파랗게 질렸다.

나는 당고반도에 또 한곳 있는 유령도시로 가보았다. 그곳은 요시

다니보다 약간 남쪽에 있는 세야라는 곳이었다. 다행히 택시기사가 그 세야 출신이었으므로 여러가지 이야기를 들을 수가 있었다.

옛날 세야에는 수십 가구의 집이 있었다. 설해(雪害), 풍수해(風水害)가 많고, 한가족 한가족씩 떠나가고 지금은 완전히 무인부락(無人部落)으로 변하고 말았다.

차 한대가 겨우 지나갈 만한 산길을 오르면서 기사가 이야기해 주었다.

"이 산길을 스키를 타고 한 시간 반이나 걸려서 학교에 다녔었죠."

기사의 말에는 당시의 힘들었던 일이 엿보였고 듣고 있는 나도 어쩐지 마음이 무거워졌다.

"3년 전 심한 폭설이 내렸을 때 도쿄에서 온 한 가족이 눈사태로 몰살을 하였었죠…."

빈 집을 들여다보며 부락을 걷고 있자, 기사는 새로 생긴 한 기(基)의 공양비(供養碑)에 안내해 주었다. 저녁 무렵 순간적인 사고로 일가 세 식구가 생매장을 당하여 죽었다는 것이다.

나는 이상한 분위기를 느끼고 그 공양비에 카메라를 향해 셔터를 눌렀다.

"얼굴의 반쪽이 없는 공양 인형이 있었는데요…."

기사는 여기저기 돌아다니더니, 겨우 목제 인형 하나를 찾아봐 주었다. 다른 행신(行神)과 한곳의 사당에 모셔 있었다. 그 인형은 옛날 계곡 밑에 떨어져서 죽은 친구를 공양하기 위해 죽은 이의 얼굴과 같도록 반쪽 얼굴만을 붙인 것이었다.

그 공양 인형을 보고 있으니까 등골이 오싹해지는걸 느꼈다. 죽은 이의 영이 그 인형에 빙의되어 있는 것처럼 느껴졌던 것이다.

5. 머리 무덤의 저주

[이럴 수가! 여자의 영체가 암벽에 뚜렷이 나타나 있었다…]

고오베에서 연락선으로 30분 정도를 가면 아와지섬에 이른다. 그곳에서 버스로 후꾸라라는 곳까지는 두 시간 정도 걸린다.

"아와지섬에서 으시시한 체험을 했다…."

나는 이 정보를 조사하러 간 것이었다.

그 체험은 교오또에 사는 두사람의 주부가 한 것으로 심한 악취가 나고, 몸이 오싹오싹하며 뒤에서 머리를 누가 잡아당겼다는 것이다.

나는 체험한 사람에게도 동행해 달라고 하였다.

그 현장은 아와지섬 후꾸라의 국민휴가촌에 있는 바다를 바라다 보는 산책로에 있었다.

아름다운 세도나이까이를 바라다보는 그 길을 걷고 있으면, 그런 기괴한 현상이 일어날 것 같은 곳으로는 도저히 생각되지 않았다.

"우리 이 고장 사람들은 그곳에는 가지 않습니다. 왜냐고요? 그건 …"

나는 현지에 도착하자 현장에 가기 전에 그 고장 사람을 두어명 붙잡고 이야기를 들어보려고 하였으나 아무도 시원한 이야기를 하지 않았다.

그것은 뭔가 있다는 증거였다. 흔히 취재하러 가서 직면하는 일로, 그런 증거가 있었을 때에는 꽤 많은 문제를 찾아낼 수 있었다.

"저 게무리섬에는 얼굴무덤이 있어서 저주를 입는답니다."

국민숙사의 관계자에게서도 조사할 것과는 전혀 다른 이야기를 들을 수 있었다.

나는 우선 그 게무리섬에 가보기로 했다. 작은 배로 건너가지 않으면 안되었다. 작은 배로 일주하여도 5분도 걸리지 않는 작은 섬이었다.

그 섬에는 다이라노 · 아쓰모리(平 敦盛)의 얼굴무덤과 이쓰꾸시마(嚴島)선사의 작은 사당이 있을 뿐, 아쓰모리의 시신을 불태우는 연기가 오른 것을 헤이께(平家)의 일족이 보았다고 하여 게무리섬이라고 부르게 되었다고 한다.

낙엽이 꽉 찬 급한 돌계단을 오르자 나무가 빙 둘러싼 평지가 있고 그곳에 얼굴 무덤과 사당이 있었다.

"이곳의 저주는 무서운 것이었어요. 그래서 별로 사람들이 오지 않습니다."

작은 배로 건너 준 어부가 무섭다는 듯이 말했다. 놀이 삼아서 이 얼굴 무덤에 온 사람이 돌아가는 길에 크게 부상을 입거나 갑작스런 죽음을 당하거나 한 사람의 수효가 굉장이 많다는 것이다.

공물(供物)을 올린 탓인지 나는 아무런 재앙도 입지 않고 무사했던 것 같다.

바닷물이 밀려오는 산책길을 걸은지 약 10분쯤, 커브를 이루고 크게 들어간 곳이 있었다. 나무들과 풀이 무성한 곳으로 그곳에 가까이 가니 토할 것같은 악취가 코를 찔렀다.

또한 그때까지 촉촉히 땀이 났었는데, 오싹거리며 오한을 느꼈다.

주부 두 사람이 체험한 곳은 이곳이었다.

나는 어떻게든지 심령사진을 찍으려고 생각하고, 여러 각도에서 사진을 찍었다.

그 때에는, 그 이상의 체험은 아무것도 하지 않았다.

밤이 되자, 캄캄한 산책길을 대형 회중전등을 가지고 걸어서 문제의 현장으로 가보았다.

"앗!…"

나도, 동행한 사진기자도 깜짝 놀라 숨을 죽였다.

그도 그럴 것이 여자의 영체가 똑똑히 눈에 보였던 것이었다. 온 몸을 숲 옆의 암벽에 똑똑히 드러내고 있었던 것이다.

후일에 더욱 더 놀란 것은 현상이 된 사진 석장에도 여자의 얼굴 상반신이 찍혀 있었던 것이다.

"저 윗쪽에는 댐도 있고, 수도승의 무덤도 있으니까요…"

숙소로 돌아와서 목격한 여자의 영체에 대한 것을 말하자, 관계자는 그 말만 하고 방에서 나가고 말았다.

댐 공사가 있었다면… 나로서는 관계자의 말 뜻을 알아차린 것 같은 생각이 들었다.

마지막으로 여담일지 모르나 현장의 숙소로 돌아오는 도중에 있던 돌 계단은 13이었던 것을 써두겠다.

6. 살아있는 인형

[인형의 머리가 자란다! 인형에는 혼이 있다! 인형의 공포!]

인형은 살아있다.

흔히 옛날부터 들어온 말이다. 가족의 일원으로서 나날을 보낸 인형에는 혼이 들어있다고 하고, 나 자신도 정말 그렇다고 생각하고 있다.

나는 취재하러 지방이나 외국에 나갔을 때, 소박한 모양의 인형을 사는 일이 있으나 그 인형이 우선 뭔가를 이야기하고 있는가 어떤가를 본다. 그 인형과 얼굴을 마주 보고 눈을 맞춰보는 거다. 그렇게 하면, 인형은 반드시 뭔가를 말해 준다.

그렇게 하여 가족으로 삼은 인형은 식사는 하지 않지만 날마다 우리와 같이 살고 있는 것이며, 살아있는 셈이다.

나는 예전에 주간지에 다음과 같은 이야기를 소개한 일이 있다.

교오꼬는 도쿄 아사꾸사 번화가에서 태어나 자란 아가씨였다. 그녀는 인형 만들기를 좋아했다.

여덟살 때, 교오꼬는 자기를 꼭 닮은 인형 "교오짱"을 만들어 책상 위에 놓고 날마다 같이 지냈다. 그녀는 자기의 분신에게 과자에서 부터 차까지 주었다.

즐거운 일도 슬픈 일도 모두 교오짱에게 이야기하고 그 고락(苦樂)을 나누었다.

열 세살 되던 어느 날, 교오꼬는 학교에서 친구와 싸움을 한 것뿐만 아니라 집에 와서 어머니에게 몹시 꾸중을 들었다.

"병신! 뭐야!"

속이 상한 교오꼬는 뾰족하게 깎은 연필 끝으로 교오짱의 왼쪽 눈을 찔렀다. 그 순간 교오꼬 자신 왼쪽 눈에 따끔하는 통증을 느꼈다.

그런 뒤 일주일 후, 교오꼬는 왼쪽 눈에 심한 통증을 느끼고, 시력이 떨어져 볼 수 없었다. 어머니와 의사에게 갔다.

"왠일이지. 연필 심이 꽂혀 있으니 말야."

의사의 말에 교오꼬는 새파랗게 질렸다. 자기 자신이 찌를 까닭이 없으므로 생각되는 일은 그 인형의 눈을 찌른 것이….

"앗, 역시……."

수술을 마치고 집으로 돌아온 교오꼬는 곧 교오짱의 눈을 조사하였다. 찔러서 부러진 채로 있어야 할 연필심이 없어진 것이다.

교오꼬가 그럴싸하게 생각해서인지, 교오짱의 눈에 약간 눈물이 난듯 했다.

나는 이 기사를 쓰기에 앞서 아사꾸사로 가서 교오꼬양을 만나서 자세한 이야기를 듣고 인형도 보았다. 인형의 왼쪽 눈에는 연필심이 찔렸던 자국도 남아 있었다.

교오짱 인형이 지금 어떻게 되어 있는지 모르나 등골이 오싹해질만한 공포감을 느낀 것만은 똑똑히 기억하고 있다.

기괴(奇怪)한 인형이라면, 여러분도 알고 있으리라고 생각하나 혹가이도의 '오기꾸'인형도 또한 이상하다.

이 '오기꾸'인형은 혹가이도 소라찌 관내의 구리자와동 만지에 있는 만넨사에 모셔져 있는데, 동그랗고 까만 눈, 노래하듯 이야기하듯 보이는 반쯤 벌린 입의 높이 30센티 안팎의 일본 인형이다.

이 인형은, 1919년 세살된 어린 딸 '오기꾸짱'이 죽고 유품으로 남은 것인데, 그 검은 머리가 살아있는 것처럼 자라, 잘라도 잘라도 자라는 것이었다.

만넨사에서는, 해마다 3월 21일에 '오기꾸' 인형의 정발회(整髮會)를 열고 머리 손질을 하고, 앞머리를 일직선으로 자르고 있으나, 반년쯤 지나면 2~3미리는 자란다.

이렇게 '오기꾸' 인형은 60년이 지난 현재 단발머리였던게 허리 밑까지 자라나고 있었다.

절에서는 '오기꾸짱의 영혼이 빙의되어 살아 있는게 틀림없다. …'고 말하고 있지만….

이 '오기꾸' 인형의 얼굴을 보고 있으면 귀여운 목소리로 이야기하고 있는 듯한 기분이 든다.

머리카락이 자라는 부처님이 교오또에 있다는 것은 별로 알려져 있지 않은 것 같다.

이 부처님은 교오또시 가미교오구 셈 본도오리 우에다테 우레아가루에 있는 즈이운원의 본존(本尊)—치아여래(稚牙如來)로 3백년 이상된 옛날 것이다.

절에 있는 기록에 의하면, 처음에는 앞 단발머리 정도의 머리길이였다고 한다. 그것이 지금은 허리 아래까지 길었다는 것이다.

여래상의 머리가 길어진 것을 알게된 지 십수년 밖에 되지 않는다. 하지만 그 상(像)이 절의 본존인만큼 너무 요란하게 떠들지 말고 '털나는 여래(如來)'로서, 머리털이 빠진 사람들의 신앙의 대상이 되어 있을 따름이다.

치아여래의 경우는 그것이 불상(佛像)인만큼 참배할 수는 있어도, 보는 것은 매우 어렵다.

이 치아여래도 '오기꾸 인형'도 그 머리털이 사람의 머리털인 것은 전문가의 감정으로 분명해진 셈이나, 전문가가 '자른 인모(人毛)는 절대로 자라지 않는다'고 말하고 있음에도 불구하고, 이상하게 자꾸자꾸 자라고 있는 것이다.

한권의 사진첩으로 알게 된 교오또의 절에도 기괴한 으시시한 인형이 많이 있다.

그 절은 호오꾜오사라고 하여 7백년의 역사를 지닌 여승방으로 별명을 인형사(人形寺)라고 부르고 있다. 이 절에는 일본 전국에서 공양하려고 가져 온 인형이 많이 있어서, 제각기 인형마다 인과를 가지고 있어서 절 안에 있는 인형을 보고 있으면 뭐라고 말할 수 없는 기분이 되고, 등골이 오싹해지는 생각조차 든다.

그와 같은 많은 인형 가운데, 사람들의 주목을 끌고 있는 매우 기괴한 인형은 '반세이이(萬勢伊)님'으로 불리우는 것이다.

이 '반세이이'인형은 지금 부터 230년쯤 전의 것으로, 고니시(後西)천황의 황녀(皇女)인 홍가꾸잉(本覺院)이 몹시 귀여워 했던 것이다.

이 인형에 어느 틈엔가 혼이 들어가, 밤마다 절의 경내를 야경을 돌며 걸어 다녔다는 것이다.

인형이 걸어다닌다! 정말 이상하다고 할 수 밖에 없는 현상이고 믿을 수 없는 현상으로 현대인은 '있을 수 없다,' '지어낸 이야기다.' 하고 일소에 부치고 말지도 모른다.

헌데 이상한 일은 이 인형과 대면하고 있으면, 그와 같은 부정적인 생각은 떠오르지 않을 것이며, 당장에라도 인형이 걷기 시작하는 게 아닌가 하고 생각하게 된다.

인형에는 주인의 혼이 들어갈 뿐만 아니라 인형을 만든 사람의 혼도 들어간다고 한다. 그 대표적인 것이 슈우젠사 이야기의 인형 조종사와 그 인형이며, 인형에 대한 이와같은 생각은 세계적인 것이라고 말할 수 있다.

헌데, 6월로 접어들어서 인형에 얽힌 기괴한 이야기가 화제가 되었다. 그 첫번째 보도가 마이니찌신문의 특종 형식으로 보도된 6월 3일의 일이다. 이어서 5일, 6일 계속 새로운 특종이 속보로 나왔다.

그것은 '머리털이 자란다!'라고 하는 것으로 10년쯤 사이에 10센티 만큼 인형의 머리털이 자랐다는 이야기였다.

6월 12일에는 마이니찌 방송 〈스튜디오 · 2시〉라는 프로로, 기괴한 인형의 특집이 방영되고, 나도 해설자로서 출연했다.

스튜디오에는 머리털이 자란 인형이 후꾸오까에서 효오고에서 오오사까에서 가져와 야릇한 분위기를 자아내게 했다.

프로가 끝난 뒤, 스믈 대여섯 사람으로 부터 '나의 인형의 머리털도 자랐다'라는 전화가 걸려와 스탭들을 놀라게 했다.

마이니찌 신문이 첫번째로 보도한 것은 오오사까후 가도마시에 사는 오까야마 스미꼬의 인형 이야기였다.

그에 의하면 1968년 5월 스미꼬는 시어머니가 혹가이도오 여행의 선물로, 공항 매점에서 산 아이누 인형을 받았다.

그것은 15센티 길이의 아이누 여자애로 인형의 몸은 프라스틱 제품이고 연두색 옷에 머리띠와 빨간 오비를 매고 있고 비드 목걸이를 걸고 있는 인형이었다.

스미꼬의 말에 의하면 그 당시 머리털은 인형의 어깨와 허리 중간 정도밖에 없었고 가지런히 잘려 있었다고 한다.

스미꼬는 선물 받은 인형을 유리 케이스에 넣고 돌아가신 친정어머니의 사진과 같이 장농 위에 놔두었으나, 6월 2일 우연히 꺼내보니까 머리털이 발까지 자란 걸 알았다고 한다.

머리털은 길기만 할뿐 아니라 길이가 들쭉날쭉이고 한가닥은 특히 길어서 25센티나 되고 빗질을 한 직후의 여자 머리처럼 윤이 흐르고 있었다.

스미꼬는,

"어머니가 돌아가신 것은 동생들이 어렸을 무렵이어서 애들이 자라는 걸 볼 수 없었던 어머니의 기분이 인형에게 전해져서 머리털이 자란 걸까요?…"

하고 말하고 있다.

나는 스튜디오에 온 스미꼬에게 직접 이야기를 들어 보았고 인형도 보았다.

그녀 말에 의하면 인형의 머리털이 자란 것을 알게된 것은 2년 전이고, 그때는 그다지 마음에 두지 않았다고 한다. 하지만 최근에 이르러 그 일이 마음에 걸려 조사해 달라고 신문사에 연락했다는 것이다.

"기분이 나쁘다거나 그런 생각은 한번도 한 적은 없습니다."

스미꼬는 앞으로도 이 아이누인형을 소중하게 장식할 거라고 말했다.

후꾸오까껭 아사꾸라군에서 온 오바다기미에의 인형도 아니누인형으로 오까야마의 것보다 야간 크나 그 밖에는 모두 같았다.

오바다도 5년 전에 선물로 받은 것이고, 당시 머리털은 가지런히 잘려 있었다. 헌데 어느 틈에 들쭉날쭉이 되고 5센티에서 10센티나 자라고 말았다고 한다.

" 별로 기분 나쁘다고도 생각하지 않습니다만 왜 그럴까요?"

인형의 머리카락이 자라도, 이렇다 할 변화는 집 안에 일어나질 않았다고 오바다는 말하고 있다.

고오베 시내에 온 이찌까와 스미꼬의 인형은 인디안의 형상이었다.

이 인디안 인형은 수년전에 남편이 골프의 상품으로서 받아온 것으로 그대로 장식했었다고 한다.

아이누 인형의 기사가 신문에 실렸으므로 혹시나 하고 조사해보니, 아니 이럴 수가, 10센티 이상이나 자라고 있는 것을 알았다는

▲ 가마이시 시의 네하마 해안에서 찍힌 것이지만 중앙의 소녀의 망사 주머니에서 흘러떨어진 자갈에 여성의 얼굴이 거꾸로 찍혀 있다. 이 해안에서 사고로 죽은 것이 표정에서도 엿볼 수 있다. 이것은 특정한 장소에서 밖에 나타나지 않는 지박령의 전형적인 것이라고 할 수 있다.

것이다.

"어째서 일까요? 기분이 나쁘다고는 생각하지 않습니다만 이상해서…."

이찌까와는 머리털이 자란 원인을 알고 싶다고 말했다.

원인을 알고 싶은 것은 누구나 마찬가지로 나도 이 이상한 현상을 구명(究明)하고 싶어 돌아다니고 있는 것이다. 하지만 원인은 알 수 없는채로 잇따라 현상이 일어나고 있다는 것이 현실인 것이다.

인형은 살아있다! 인형에는 혼이 있다!

이것만 가지고는 원인의 구명이 되지 않는다.

아마가지끼시의 A양(고교생)이 가지고 있는 아니누 인형도 기다규우슈우시의 세도 가 가지고 있는 '오쑤류'인형도 나고 야시의 이찌세가 가지고 있는 인디언 인형도 , 또한 가와꾸찌시의 도미다가 가지고 있는 아이누 인형도, 모두 각각 5센티에서 1 센티 가량 머리털이 자라고 있는 것을 알게 되었다.

이토록 많은 인형의 머리가 자랐다고 하면, 다만 이상하다? 이렇게만 생각하는 것만으로는 석연치 않다.

이들 인형의 머리털이 인모(人毛)인지, 아니면 화학적인 인조모(人造毛)인지 또는 동물모(動物毛)인지를 조사하지 않으면 안된다.

마이니찌 신문에 의하면 머리털에 관해, 일본에서 최고 권위자의 한사람인 세다 기조오 경찰청 과학경찰연구소 법의학 실장은 '인체에서 잘려 나간 머리털이 그 자체에서 자라는 일은 없다'고 말하고 있다.

또한 인형의 몸이 프라스틱 제품인 점에서 나는 친구인 프라스틱 연구가에게 머리털을 자라게 하는 성분 같은 것이 프라스틱에 있는지 어떤지를 조사해 달라고 하였으나, 이것 또한 '없음'이라는 것이었다.

인형의 머리털이 자라는 현상은 아직 당분간 계속될 것 같으나

이 현상의 과학적인 구명이 가장 필요한 것 같다.

다만 잊어서는 안될 것은, 처음부터 썼듯이 인형 그 자체에 혼이 있다는 것이다. 이 일을 완전히 무시하고는 진정한 원인을 규명하기란 불가능할 것이다.

공포의 보고서

유령은 존재한다

1. 시트를 물들이는 검은 피

"그런 바보 같은 일이 지금 세상에 있다니 말도 안돼."

아파트의 관리인은 대단한 기세로 자매에게 대들었다.

"하지만 아저씨 우린 정말로…."

"그만들 둬요. 당신네들은 이 아파트에 뭔가 불만이라도 있다는 거요?"

"그런 건 절대 아니고요…."

"알겠나? 하여튼 두번 다시 그런 말하면 여길 나가 줬으면 좋겠구먼…."

관리인은 쾅 큰 소리를 내고 문을 닫더니 오가와 자매의 방에서 나갔다.

도쿄 다이도오구에 있는 B아파트에서 있었던 일이다.

재해로 부모를 잃고 오가와 히로꼬(가명, 15세)양은 언니 구니에양과 함께 도쿄에 나와서 이 아파트에 방 한개를 빌렸던 것이다.

"히로짱, 그래서 말했잖아. 유령이 나온다고 말하면 누구든지 좋아할 사람이 없다고…."

"하지만 난 정말로 들었단 말야. 이상한 신음소리와 발소리를…."

"분명히 히로짱, 잠에 취해 있었어. 알았지. 다시는 그런 말 하면 안돼. 쫓겨나면 곤란하잖아…."

"언니까지 내 말을 믿지 않는 거야…."

히로꼬는 요즈음, 밤마다 고교 시험준비로 새벽 가까이까지 일어나 있었다.

헌데 어느날 밤, 시계가 12시를 치고 한참 있자 어데선지 여자의 괴로워 하는 듯한 신음소리가 들려 왔다.

처음 히로꼬양은 언니가 가위에 눌린 것인가 하고 마음에도 두지 않았다.

다시 그녀가 화장실에 가려고 복도로 나서자 쾅 쾅 하고 발소리가 따라오는 것이었다. 이런 일이 사흘밤이나 계속되었다. 그녀는 마침내 참을 수 없어서 언니에게 말하고 관리인에게 부탁하여 조사를 부탁하려고 했으나, 반대로 꾸중을 듣고 말았다.

그런 일이 있은지 사흘째 되던 날 밤—

"으, 으, 윽"

문득 잠을 깬 언니 구니에의 귀에 폐부 깊숙이에서 쥐어짜내는 듯한 여자의 고통스러워 하는 신음소리가 들려왔다.

"악!"

구니에는 놀라 그 자리를 걷어차고 일어나려고 했다. 헌데 어찌된 일인지 뭔가 무거운 것에 눌려 있어서 몸이 말을 듣지 않았다.

"히, 히로꼬짱!"

언니는 필사적으로 히로꼬를 불렀다.

"왜 그래…."

히로꼬가 졸리운 듯이 눈을 부비며 일어나 전기불을 켠 순간 언니를 짓누르고 있던 뭔가가 소리없이 사라진 것이었다.

"히로짱, 여자의 신음소리를 들었어."

"뭐라고? 들렸어?"

두 자매는 조용해진 방 안에서 가만히 귀를 기울였으나, 그 소리는 다시는 들리지 않았다.

"히로짱! 같이 가 줘."

화장실에 가는 것도 무서워진 언니가 히로꼬를 데리고 복도로 나왔을 때였다.

"쿵! 쿵! 쿵!"

두 사람의 뒤에서 다른 발소리가 났다. 깜짝 놀라 뒤를 돌아다보자, 발걸음도 딱 멈추었다.

"언니…"

자매는 손을 맞잡자 단숨에 자기네 방으로 달려 왔다.

"으악!"

먼저 방으로 뛰어든 히로꼬는 입술을 떨며 그 자리에 우뚝 서고 말았다.

이게 웬 일일까? 이불의 하얀 시트 위에 천정에서 검붉은 피가 한방울 두방울… 떨어지는 게 아닌가!

"아, 아저씨!"

자매는 관리인을 두들겨 깨워 방으로 데리고 왔다.

"앗, 이, 이것은…!"

관리인 조차도 흰 시트를 더럽히고 있는 검붉은 피를 보자마자 와들와들 떨기 시작했다.

그 후에 조사한 바에 의하면 자매가 세들어 있는 방에서 4년 전에 한 여성이 자살했다는 게 밝혀졌다.

2. 택시의 승객

"손님이 있으면 좋을 텐데…"

택시기사 기리야마 유우지씨는 운전일지를 쓰면서 중얼거렸다.

기리야마씨의 차는 도쿄 번호이므로 이곳 요꼬하마에서는 공공연히 손님을 태울 수는 없다. 손님 쪽에서 와주지 않으면 빈 차로 도쿄까지 돌아가게 된다.

최근, 요꼬하마의 요시다교의 다리 옆에서의 일이다. 별 한점 없는 금방이라도 쏟아질 것같은 구름이 잔뜩 낀 밤이었다.

"좋지 않은 밤인데… 쏟아지기 전에 한탕 뛰어야 할텐데…"

무겁게 비구름이 드리운 하늘을 쳐다 보면서 기리야마씨는 기어를 넣었다.

바로 그때였다.

운전석 문 옆에 소리도 없이 다가온 사람의 그림자가 있었다. 자세히 보니 창백한 얼굴의 젊은 여성이었다.

그 여성은 가냘픈 목소리로 말했다.

"어, 어데까지 가십니까?"

"저어, 도쿄의 단지까지…"

"좋습니다. 자 타시죠…."

기리야마씨는 재수좋게 돌아갈 손님을 잡은 걸로 내심 만족해하며 친절히 문을 열었다.

젊은 여성은 말없이 뒷자리에 앉았다. 그 몸가짐이 왠지 기분나쁘고 야릇한 분위기를 풍기고 있었다.

"손님 제3 게이힝으로 가도 되겠습니까?"

물끄러미 창밖을 바라다 본채 말없이 있는 여성에게 기리야마씨는 큰 소리로 말했다.

허나 여성은 말없이 고개만 끄덕일 따름이었고, 뒤이어 맥없이 머리를 숙였다.

—칫, 이상한 걸 태웠지 않나…. 으시시한게 좋지 않은데…—

기리야마씨는 마음 속으로 이렇게 중얼거리고 부르릉 차를 몰았다. 힘차게 차를 몰면 조금은 마음이 개운해지리라고 생각했었다.

허나, 나쁜 일은 겹치게 마련….

그러는 사이에 뚝 뚝 비가 떨어지기 시작했다.

"쏟아지는군요."

기리야마씨는 다시 한번 손님인 여성에게 말을 걸어 보았다. 허나 여성은 여전히 말없이 고개를 숙인채, 얼굴을 들려고 하지 않았다.

'정말 이상한 손님이다. 이런 손님은 빨리 내려놓지 않으면…'

하고 기리야마씨는 점점 더 속력을 내려고 한 순간, 한대의 차가 난폭하게 끼어들기를 했다.

기기끼익! 급브레이크를 건 순간 여성은 심한 충격으로 앞으로 쏠려 그 바람에 반지가 빠져 기리야마씨의 옆자리에 떨어지고 말았다.

"정, 정말 미안합니다. 괜찮으십니까?"

기리야마씨는 황급히 반지를 집자 운전석 시트에 푹 엎어져 있는 여성에게 내밀었다. 그러자 여성은 으시시한 표정이 담긴 얼굴을 들고 반지를 왼쪽 약지에 낀 것이다.

'약지라… 그렇다면 약혼반진가'

그런 것을 생각하면서 보고 있던 기리야마씨는 여성의 손목에 금방 생긴 상처가 있는 것을 알았다.

'흐홍, 이 여성은 뭔가 깊은 사연이 있어서 기운이 없는 거구나.'

기리야마씨는 이야기하는 것을 단념하고 다시 차를 몰았다.

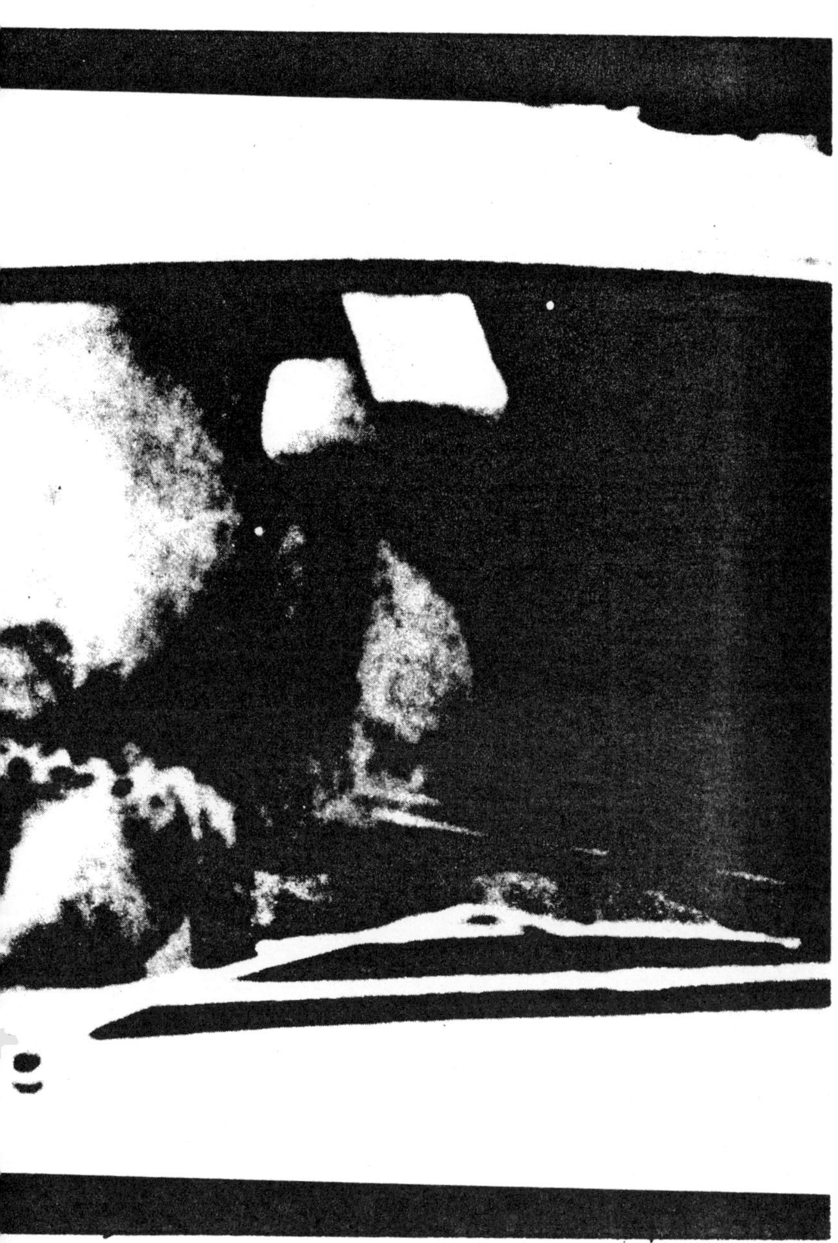

한참 후 무심히 백밀러를 들여다 보고 기겁을 하고 놀랐다.

없다!

뒷자리에 앉아 있어야 할 여성이 백밀러에 비치지 않았다. 여성이 갖고 있는 하얀 핸드백만이 기분나쁘게 흔들거리고 있을 뿐이었다.

기리야마씨는 황급히 뒤를 돌아다 보고 다시금 비명을 질렀다.

"으악!"

있, 있다! 거울에 비치지 않았던 여성이 멀쩡히 있는 것이다. 기리야마씨는 떨리는 손 발로 정신없이 차를 몰고 간신히 단지까지 도착했다.

"요금은 집에서 지불합니다. 함께 와 주세요…."

여성은 이렇게 말하더니 열린 문에서 소리없이 나가 바로 앞의 건물로 모습을 감추었다. 기리야마씨도 황급히 뒤를 쫓아 여성이 들어간 방문을 노크했다. 그러자…

"예! 이렇게 밤늦게 도대체 무슨 일입니까?"

비쩍 바른 부인이 나와서 수상하다는 듯이 기리야마씨를 보고 이렇게 말하는 것이 아닌가!

"무슨 일이라니요? 댁의 딸이 택시비를 주지 않고 내렸습니다."

기리야마씨는 화가 나서 요꼬하마에서 태우고 왔던 일을 빠른 말투로 덧붙였다. 그러자 부인의 얼굴이 금방 창백해지는 것이었다.

"그 그 딸이라면 3시간 전에 손목을 끊고 자살했습니다."

"뭐 뭐라고요? 정, 정말입니까?"

부인의 말에 기리야마씨는 온 몸에 찬물을 끼얹은 것 같이 오싹했다.

"난, 난 유령을 태웠다.…"

기리야마씨는 그 뒤로 충격때문에 입원을 하였고, 그것이 원인이 되어 죽고 말았다.

젊은 여성의 유령은, 자기를 배신한 약혼자의 집에 원망하러 갔다 오는 길에 기리야마씨의 차를 탄 것이었다.

3. 머리 없는 제복

한밤중이 되면 학교 화장실에서 망령(亡靈)이 나온다. 언제 부터인가 학생들 사이에 그런 소문이 번지고 있었다.

나까무라 쇼오지(가명)군은 기회가 있으면 그 소문이 진짜인지 아닌지 확인해 보 려고 생각하고 있었다.

오늘 밤이 다시 없는 기회, 클럽의 합숙으로 친구들과 교실에서 묵고 있었기 때문이다. 오후 11시 쯤.

"애들아, 누구 같이 안갈래?"

나까무라군은 탐험할 동지를 모집하여 보았다. 허나 아무도 응하지 않았다.

"쳇, 겁쟁이군!"

이렇게 되면 혼자 가는 수 밖에 없다. 슬리퍼를 신고 콧노래를 부르며 이층에 있는 문제의 화장실로 발걸음을 옮겼다.

이층 복도에는 20와트 짜리 전구가 달랑 한등 켜 있을 뿐 사방은 깊은 정막과 어둠에 싸여 있었다. 나까무라군의 그림자가 길게 꼬리를 끌고 슬리퍼 소리만이 어둠의 정적을 깨뜨렸다.

화장실 앞에 서서 문을 노크했다. 그러자 댓구가 있었다.

"어? 누군가 있군."

두째번 문도 똑똑, 마찬가지로 안에서도 노크를 한다. 이상하다. 이 밤중에 둘이 다 차다니!

나까무라군은 등골이 오싹해지는 걸 느끼고 돌아가려고 생각했으나 친구들 볼 체면을 생각하니 그럴 수도 없었다.

셋째번 문을 두드린다. 똑똑하는 대답.

온 몸에 소름이 쫙 끼쳤다.

역시 그 이야기는 사실인가?

아냐, 거짓말이야. 거짓말 일게 분명해. 부르르 몸이 떨린다. 겁쟁이 기질을 떨어버리려고 하듯이 진저리를 한번 치고는 있는대로 용기를 내서 네째번 문을 두드렸다.

똑똑, 노크 소리가 되들려 왔다. 이젠 의심할 여지가 없었다. 공포로 온 몸이 얼어붙고 말았다.

그 때 다섯번째 화장실에서 구원을 청하는 여자의 목소리가 들려왔다. 그와 때를 같이 하여 다섯개의 화장실 문이 일제히 열리고 다섯번째 문에서 머리 없는 망령(亡靈)이 나타났다.

피투성이의 제복을 입은 소녀였다. 입이 없는데, 어데서 소리를 내는 건지, 그것이 구원을 청하며 나까무라군 쪽으로 매달리듯 다가왔다.

소녀의 말라빠진 피투성이의 손이 나까무라군의 뺨에 닿았다. 얼어버린듯한 차가움… 나까무라군은 마침내 그대로 기절을 하고 말았다. 곧, 나까무라군은 친구들의 도움을 받았으나 충격이 너무나 큰 나머지 좀처럼 의식이 돌아오지 않았다.

친구들이 달려왔을 때에는 다섯개의 문은 원래대로 닫혀 있었고, 머리 없는 소녀의 모습도 없어졌다.

이 화장실에서 예전에 한 소녀가 목을 매어 자살을 했다. 양부모에게 학대를 받고 너무나 괴로운 나머지 죽은 것이다.

그 뒤로 소녀가 망령이 되어 나오게 되었다는 것이다.

▲도끄의 연못 근처에서 찍힌 사진인데 중앙 윗쪽에 남성의 얼굴이 찍혀 있다.

이 연못에서는 옛날, 몇사람이 익사한 일이 있고, 위를 보고 있고, 고통으로 일그러진 표정이 엿보이는 것을 보아도 이 연못에서 익사한 영채가 틀림없는 것 같다.

4. 백미러의 망령(亡靈)

"아끼오, 기분 좋구나."

마쓰자끼 청년은 조수석에서 카셑 테잎의 음악에 맞춰서 노래를 부르고 있는 동생 아끼오에게 말을 건넸다.

"당연하지, 자이안트가 대승했는데 기분이 좋지 않으면 그게 이상하지."

대단한 자이안트 팬인 아끼오군은 좋아서 죽겠다는 표정이었다.

마쓰자끼 형제는 그날 밤 고오라꾸엥에서 있은 야간경기를 구경하고 돌아오는 길이었다.

"형, 그 여자 친구 쓸만한데…."

아끼오는 형을 놀렸다.

"이 자식이, 그런 말하면 다시는 데려가 주지 않는다."

그날 저녁의 야간경기 구경에는 마쓰자끼 청년의 같은 회사의 여자 친구가 같이 와 있어서 야간 경기가 끝난 뒤 셋이서 근처 레스토랑에서 식사를 하고 그녀를 집까지 바래다 준 것이었다. 그런 탓으로 형제는 11시가 되서 집으로 돌아가게 되었다.

"형, 더 속력을 내!"

"안돼. 안전 운전이다."

마쓰자끼 청년은 자꾸 속력을 내도록 조르는 동생의 머리에 꿀밤을 주었다.

오후 11시가 넘어 게이요오 가도는 차들이 꽤 많이 달리고 있었다. 거의가 도쿄에서 귀가를 서두르는 차로 택시도 많았다.

그린벨트 지대를 끼고 왼쪽에 큰 단지의 건물이 밤하늘에 솟아 있고, 오른쪽에는 도쿄만의 바다가 비릿한 바다 냄새를 밤바람에 실어 왔다.

하지만 그 바람은 왠지 모르게 찐득거리는 느낌으로 기분이 나빴다.

"기분이 나쁜데…"

아끼오가 혼잣말로 하면서 창문을 닫았을 때였다.

끼익!

차체가 미끄러지는 요란한 소리가 났다.

"앗, 사고다!"

아끼오는 큰 소리를 내며 눈을 반짝였다.

하지만 훨씬 앞쪽에서 생긴 사고이며, 그린벨트가 가려서 아무것도 보이지 않았다.

쿵!

차가 부딪치고 뒤집히는 소리가 들렸다.

마쓰자끼 형제는 서로 얼굴을 마주 보았다. 그 소리로 보아 꽤 큰 사고임을 상상할 수 있었기 때문이다.

"형, 인사사고일까?"

"응, 아마 그럴 거다…"

마쓰자끼 청년은 속력을 늦추면서 어두운 표정으로 대답했다. 운전하는 사람에게 있어서 특히 운전중에 인사사고를 만나는 일은 심리적으로 몹시 싫은 일이었다.

"앗…"

헤드라이트에 사고 현장이 비춰진 순간, 아끼오는 엉겁결에 두 손으로 얼굴을 가렸다. 마쓰자끼 청년도 얼굴을 돌렸다.

여하튼 무참한 사고 현장이었기 때문이다. 미끄러져서 쓰러진 차를 뒤에서 온 차가 충돌을 하여 두대 모두 엉망으로 대파되어 있었다.

충돌한 차의 운전석에는 얼굴이 피투성이가 된 두사람이 쓰러져 있고 그린벨트에는 쓰러진 차에 탔던 사람인 듯한 피투성이의 여성이 축 늘어져서 쓰러져 있었다.

"전화를 걸어주자."

마쓰자끼 청년은 긴급 전화가 있는 곳에서 차를 멈추고 사고를 알려 주었다.

"끔찍한 걸 보고 말았구나."

아끼오는 처음 본 무참한 사고 현장 상황에 조금 전까지의 명랑하던 것이 날아가 버린듯 울적해 있었다.

"주의하지 않으면 안되지. 그러니까 분수없이 속력을 내면 안되는 거다."

자신을 타이르듯이 말하는 미쓰자끼 청년도, 그린벨트에 쓰러져있던 피투성이 여성의 모습이 눈 앞에 어른거려서 견딜 수가 없었다. 특히 강하게 인상에 남아 있던 것은, 여자 친구가 잘 입는 옷과 몹시 비슷한 옷이었다.

핑크 바탕에 꽃무늬가 있는 판타롱 스커트. 그것이 눈 앞에 아른거리는 것 같았다.

"저 쓰러져 있던 여자 살아있을까?…"

아끼오가 생각난 듯이 말한 바로 그 순간이었다.

"앗!"

마쓰자끼 청년은 헤드라이트 가운데에 한 사람이 소녀의 모습을 발견하고 놀란 소리를 지르고 엉겁결에 급브레이크를 밟았다.

끼익—

차는 미끄러지며 급정차했다.

쿵!

뭔가 차체에 부딪치는 소리가 났다.

"형!"

형제는 파랗게 질려서 차를 길 옆에 세우고 차에서 내렸다.

헤드 · 라이트에 비친 소녀와 차와의 거리로 생각하더라도 차체에 물건이 부딪친 소리로 생각해 보아도 마쓰자끼 청년은 소녀를 나가떨어지게 한 것이 틀림이 없었다. 나가떨어지지 않은 편이 오히려 이상했다.

"어쩌자고 고속도로에 사람이 서 있었느냔 말이다."

사고에 대한 자책감에 앞서 상대의 규칙 위반을 책하는 마음 쪽이 강하게 일어났다.

하지만, 형제가 근처를 찾아 보아도 소녀를 받은 듯한 흔적은 찾을 수 없었다.

마쓰자끼 청년은 속력을 떨어뜨리고 급브레이크를 밟았으므로 만약에 받았다고 하 더라도 그리 멀리 날아갔을 까닭은 없었던 것이다.

"아무것도 없어."

아끼오는 고개를 갸우뚱했다. 형제가 모두 여우에게라도 홀린듯한 기분이었다.

"이상한데—"

차체를 조사해 봤으나 역시 아무것도 붙어있지 않았다.

"아, 기분 떨떠름하다."

"정말이야."

마쓰자끼 형제는 이상한 사건에 속으로는 공포감이 가득 찼으나 억지 웃음을 짓고 차를 출발시켰다.

아끼오는 카스테레오의 볼륨을 한껏 높히고 잠잖고 있었다. 자이안트의 대승에 기분이 들떠있던 처음의 명랑함은 어데로 날아가 버렸다.

"아끼오 어쩐 일이냐?"

마쓰자끼 청년은 꿀 먹은 벙어리가 된 동생이 마음에 걸리기도 하였고, 또한 말없이 있는 것으로 조금 전의 기괴한 사건을 생각해 내는 게 두려워서 말을 건넸다.

"어쩐지 으슬으슬해오는데…"

아끼오는 떨고 있었다.

생각하지 않으려고 하여도 조금 전의 순간적으로 사라져 버린 소녀의 일과 사고 현장의 일이 머리에 떠올라 견딜 수 없었던 것이다.

공포감이라고 하는 것은 전염하는 것이다.

아끼오의 떨림이 마쓰자끼 청년에게도 전염되어, 등골이 오싹거리기 시작했다.

차는 이윽고 마꾸바리 인터체인지를 지나, 길 양쪽이 산림이 쌓여 헤드라이트 불빛만이 비치는 곳에 이르렀다. 그리고 왠지 모르게 이상한 술렁거림 같은 기분나쁜 느낌이 든 마쓰자끼 청년이 백 미러를 들여다 보았다.

"아악!"

놀란 비명소리를 질렀다. 형의 비명소리에 뒤를 돌아다 본 아끼오도,

"으악!"

큰 소리를 지르고 엉겹결에 형에게 엉겨붙었다.

이럴 수가! 뒷 좌석에는 이마와 입가에서 피를 흘리는 13세 정도의 소녀가 앉아 있는게 아닌가… 더욱이 핑크 바탕에 꽃무늬 스커트를 입고….

"사, 사람 살려!"

마쓰자끼 청년은 엉겹결에 중얼거리면서 차를 세우고 핸들에 엎드리고 말았다. 얼굴을 들고 뒤를 볼 용기같은 게 전혀 없었다.

문은 굳게 닫혔고, 주행하고 있는 차에 소녀가… 이것은 살아있는 사람에게는 도저히 할 수 있는 일이 아닐까….

"젊은 주제에, 그런 유령 따위를 믿느냐?"

정신없이 집으로 돌아온 마쓰자끼 형제는 생침을 삼키며 기괴한 체험을 아버지에게 말하였으나, 사실로 받아들이지 않고, 웃음거리

가 되고 말았다.

"정말이라니까요."

아끼오는 안색이 변하면서 되풀이 하여 설명했다.

"알았다. 그건 틀림없이 너희가 무참한 사고 현장을 목격했기 때문에 그것이 강렬한 인상으로 머리에 남아 있어서 착각에 빠진 걸 게다."

형제는 아버지가 말하는 게 불만이었으나 그 이상 아무리 설명을 하여도 알아 주지 않는다고 여기고, 단념한채 자리에 누었다.

"형, 아까 본 유령, 인제 안 나오겠지? 응?"

아끼오는 잠이 든 뒤의 일을 걱정하였으나, 그날 밤은 무서운 꿈을 꾸지 않고 지냈다.

"오늘은 전차로 갈 거야."

마쓰자끼 청년은 기분이 나빠져서 차를 탈 마음이 나지 않았으므로 그 뒤 사흘 동안은 전차로 통근했다. 허나 나흘째 부터는 다시 차를 타고 가기로 했다.

"이 근처였지!"

생각하지 않으려고 했으나, 역시 사고 현장에 접어들자, 나흘 전의 일이 문득 생각나고 말았다.

"그렇다, 그건 아버지 말씀대로 환각이었어."

마쓰자끼 청년은 스스로에게 타이르면서 일에 대한 것을 생각하고 기분을 달래면서 속력을 내어 마꾸비리 인터체인지를 지나갔다.

하지만, 그는 아까 부터 한대의 승요차가 바싹 자기의 차 뒤를 따라오며 떨어지지 않으려고 하는 게 마음에 걸려 견딜 수 없었다.

"지겹군. 지겨워…"

그렇게 중얼거리면서 마쓰자끼 청년은 속력을 낮추고, 옆으로 비켜서 그 차를 보내려고 백 미러를 들여다 보았으나….

"어, 어!"

너무 놀란 나머지 소리를 질렀으나 소리가 나오지 않았다. 온몸에서 핏기운이 한꺼번에 싹 가시는 느낌이 들었다.

뒷자리에 또다시 이마와 입가에서 피를 흘린 소녀의 모습이 있었던 것이었다.

"너, 너는…."

마쓰자끼 청년은 소녀를 야단치려고 했으나 입이 굳어서 말이 되지 않는다. 미칠 것같은 공포감에 사로잡혀 마쓰자끼 청년은 정신없이 차를 몰았다.

고개를 푹 떨어뜨린 채로 있는 소녀의 망령이 훌쩍훌쩍 울고 있는 소리가 마쓰자끼 청년의 귀에 들렸다.

바로 같은 무렵.

"으으윽… 으윽…"

아끼오는 식은 땀을 흘리며 괴로워 하고 있었다. 꿈 속에 소녀의 망령이 나타나서 훌쩍훌쩍 우는 소리가 아끼오를 괴롭히고 있었던 것이다.

"아끼오! 아끼오! 어쩐 일이냐?"

아버지는 신음소리를 내고 있을 아끼오를 깨웠다.

"계집애의 유령이…"

눈을 뜬 아끼오는 아버지에게 매달리며 지금 본 소녀의 망령이야기를 했다.

"……?"

아버지가 위로해 줄 말에 궁해 있을 때였다.

현관에 차가 멎고 새파랗게 질린 마쓰자끼 청년이 달려들어 와서 헉헉거리며 풀썩 그 자리에 주저 앉았다.

"어찌된 일이냐?"

형제가 모조리 이상해진 모습에 아버지도 아연실색하고 말았다.

"또 차 안에 소녀의 …."

마쓰자끼 청년은 컵의 물을 마시고, 한숨 돌리더니 기괴한 사건을 이야기했으나 동생 아끼오는 꿈에 시달렸다는 말을 듣고 오직 멍청해질 따름이었다.

마쓰자끼 청년은 그 불길한 차를 팔기로 했다. 그리고 한동안 택시를 이용하기로 했다.

처음 사고 날부터 열하루가 지났다. 일로 늦어진 마쓰자끼 청년은 요쓰야의 사무실 앞에서 개인 택시를 타고 귀가길에 올랐다.

매우 명랑한 기사여서 마쓰자끼 청년에게 이것저것 말을 건네고 웃기곤 했다. 덕택에 긴 시간을 끔찍한 추억이 있는 사고 현장의 일도 거의 마음쓰지 않고 지났다.

"역시 택시로 다니길 잘 했다."

마쓰자끼 청년이 혼자서 중얼거리며 담배에 불을 붙였을 때였다.

"손님, 아니, 저건?"

뭔가 말하려고 백 미러를 들여다 본 기사가 놀라는 소리를 질렀다. 그리고 뒤를 돌아다 보았다.

"……?"

묘하다는 얼굴 표정이다. 다시 백 미러를 들여다보았으나, 그 순간 새파랗게 질렸다.

"무슨 일이요?"

마쓰자끼 청년은 기사의 이상한 태도에 놀라 몸을 앞으로 굽히며 말했다.

"손, 손님, 부, 분명히 혼자 타셨죠?"

"무슨 소릴 하는 거요? 혼자 탄 게 뻔하잖아."

마쓰자끼 청년은 무심히 대답했다.

"하지만… 손님 곁에 아가씨가 다쳐서 앉아 있는 걸요."

"뭐라구?"

마쓰자끼 청년은 정신이 번쩍 났다. 등골이 오싹 했다.

기사가 말하는 아가씨가 소녀의 망령이라는 건 곧 알았다. 하지만 마쓰자끼 청년의 곁에는 아무것도 없는 것이다.

"이 백 미러에 분명히…"

기사는 떨면서 차를 세웠다.

그 순간 차 밖으로 소리없이 사라져 가는 소녀의 망령의 모습이 마쓰자끼 청년의 눈에도 비쳤다.

마쓰자끼 청년은 소녀의 망령에서 받은 충격으로 입원하고 말았다.

이 기괴한 사건에 대하여 심령연구가는 '사고사한 소녀의 영이, 사고를 목격하고 전화를 해준 마쓰자끼 청년에게 의지하려는 형태로 빙의된 것이다'라고 말하고 있다.

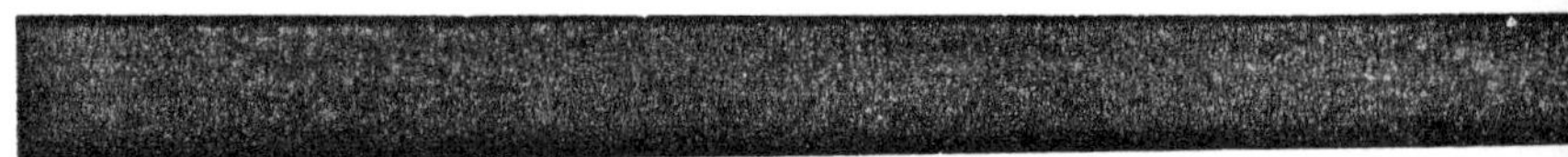

▼ 사진으로는 좀 알기 어려우나, 중앙의 집 담에 남성의 영체가 잡혀있다. 얼굴만 찍혀 있으나 꽤 오래된 영체이며, 상황으로 보아도 지박령으로 판단된다. 건물에 나타나는 영체는 유령 저택의 대표적인 지박령이 많다.

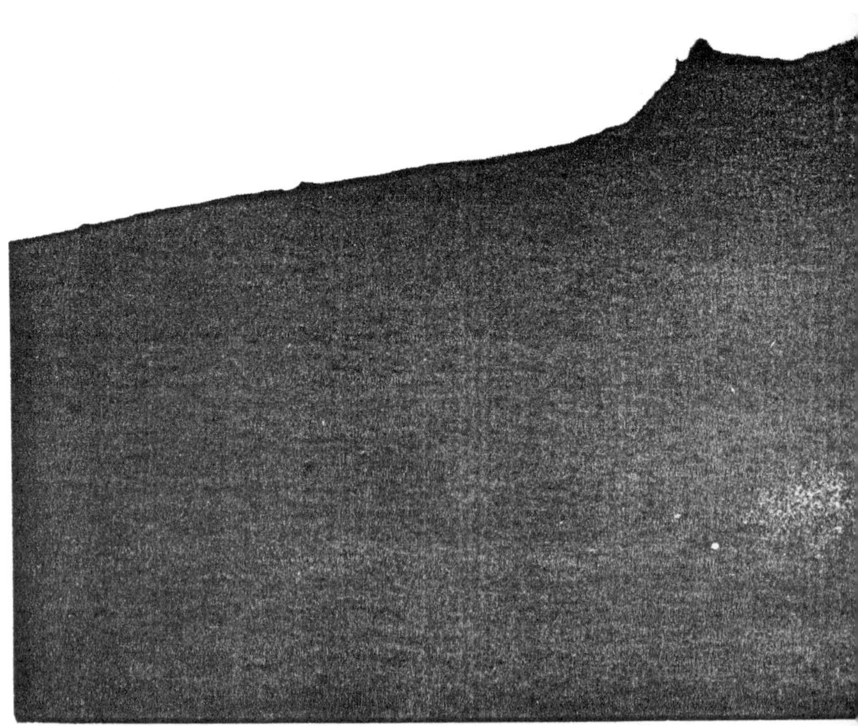

5. 도서실의 소녀

"선, 선생님!"

새파랗게 질린 수위가 달려들어 오자, 바닥에 털석 주저앉았다.

"어쩐 일입니까? 아저씨."

무엇을 조사하고 있던 미야가와(가명)선생은 떨고 있는 수위의 모습을 보고 깜짝 놀랐다.

"나왔나요?"

수위의 어깨를 누르며 물었으나, 그 목소리도 야릇하게 떨리고 있었다.

"그렇습니다. 도서실의 전등이…"

수위는 숙직실 맞은 편에 있는 도서실을 가리켰다.

"조금 전, 둘이서 방을 돌았을 때 분명히 전등을 껐죠?"

미야가와 선생은 수위에게 다짐하듯 말하고 유리창 너머로 도서실 쪽을 보았다. 틀림없이 깜깜한 학교 안에 단 한군데, 도서실에서만 환하게 불빛이 새어나오고 있었다.

결심을 하자, 선생님은 싫다는 수위를 데리고 도서실로 향했다.

이야기는 일주일 전으로 거슬러 올라간다.

그날 밤 숙직이었던 미술선생은 2시 쯤 도서실의 전등이 켜져 있는 것을 알았다.

누군가의 장난이라고 생각하고, 화가 머리 끝까지 올라서 가 보니, 문 유리창 너 머로 여성인 듯한 사람의 그림자가 보인다. 하지만 선생이 문에 손을 댄 순간 그것은 헛깨비인양 사라졌다고 한다.

다음 날 부터 이 Y중학교에는 유령이 나타나는 게 아닌가, 하는 소문이 나돌기 시작했다.

그리고 오늘 밤도 또…

도서실이 가까워짐에 따라, 이상한 소리가 낮고 길게 들려 왔다. 그것은 여자의 흐느껴 우는 소리 같기도 하고, 몰래 웃는 웃음소리 같기도 했다.

무릎이 덜덜 떨리며서 미야가와 선생과 수위는 조심조심 도서실을 들여다 보았다. 그곳에는….

한사람의 소녀가 책을 읽고 있었다. 그렇기는 하나 얼굴은 백합처럼 희고 차가우며 비쩍 말라있고 풀어헤친 머리 사이로 몽롱한 눈을 책으로 돌리고 있을 따름이었다.

아마도 피가 통하는 사람의 표정은 아니며 틀림없이 죽은 사람의 모습이었음이 분명했다.

“앗, 저 애는…”

3개월 전에 병으로 급사한 1학년 학생 사또오유끼에(가명)가 아닌가.

‘죽은 사람이 어째서 이곳에…….’

미야가와 선생의 심장은 두방망이질을 치기 시작하고 엉겹결에 비명을 지를 뻔 했다.

두 사람은 기어가듯이 숙직실로 돌아와 오전 3시, 도서실의 전등이 저절로 꺼질 때까지 지옥 속을 헤매는 듯한 심정으로 있었다.

다음 날 도서실을 조사하여 보니 한권만 먼지가 묻지 않은 책이 있었다. 그리고 그 책을 마지막으로 이용한 사람으로서 유끼에의 이름이 쓰여 있고, 그녀는 그 책을 읽다 둔채 죽은 게 판명되었다.

6. 족자에서
빠져나온 여인

“오늘 밤은 유난히 무덥군.”

혼탁한 공기가 몸에 휘감겨서 잠들기 괴로운 밤이다. 거실의 시계가 새벽 2시 를 치는 소리를 들으며 나까다씨는 몇번인가 몸을 뒤챘다.

바로 그 때였다. 어데선지 모르게 귀에 익지 않은 소리가 들려왔다. 그것은 높게 낮게 야릇한 소리를 울리며 흘러 온다.

울음 소리? 그렇다. 울음 소리다. 더욱이 여자의 흐느껴 우는 소리인 것이다.

“설마 형수가…”

나까다씨는 처음에는 이층에서 자고 있는 형수가 울고 있나 하고 생각하였다. 하지만, 그렇다면 이상하다. 형수가 더욱이 이런 야밤중에 저토록 구슬프게 울 까닭이 없다. 게다가 잘 들어 보니, 울음소리는 보다 가까운 곳에서 들려오는 것이었다. 그렇다면 누군가 다른 사람이… 하지만 형수 외에는 달리 아무도 없는 터인데….

거기까지 생각한 순간 나까다씨는 기겁을 하며 몸을 움추렸다. 온 몸에 소름이 돋고, 등골에 찬 기운이 흘렀다. 뭐라고 말할 수 없는 무서움을 느꼈던 것이다. 그러자 곧 머리 맡에서 뭔가 빛나는 것 같았다.

순간적으로 뒤돌아다 본 나까다씨가 그곳에서 본 것은….

깜깜한 속에서 객실의 한쪽 벽만이 희부옇게 떠오르고, 그곳에 걸어 둔 족자가 바람도 없는데 움직이고 있었다.

그런가보다 하고 생각하는데, 족자가 둘로 갈라지고 그 사이로 하얗게 소복을 한 여자가 나타났다. 머리털이 길고, 이마에 앞머리가 내려와 있고, 얼굴은 백합처럼 희고 차갑다.

“아…”

이게 뭐야. 내 눈이 어떻게 된 건가? 꿈이라도 꾸고 있는 건가. 그렇지 않으면 이런 터무니 없는 일이란 게 있을 수 있단 말인가.

하지만, 여인은 족자에서 빠져나오자 다다미 위로 내려서고 마른

가지처럼 가는 두 팔을 내밀고 걷기 시작했다. 슬픈듯이 흐느껴 우는 소리를 길게 끌면서….

나까다씨는 무서운 나머지 목소리도 나오지 않았다. 심장은 이미 두방망이질을 하고 있고, 기절할 지경이었다.

외면을 하려고 해도, 그것조차 할 수 없다. 나까다씨는 눈을 부라린채 여인의 모습을 쫓고 있었다. 그러자, 여인이 이번에는 허리를 낮추고 다다미 위를 손으로 더듬으며 뭔가를 찾기 시작했다. 머리털이 어깨에서 축 늘어져 기어가듯 하는 모습.

그것은 필사적으로 뭔가를 찾아헤매고 있는 것 같았다. 그것이 차츰 나까다씨의 머리 맡으로 다가오고 있었다.

또한 치켜 올라간 눈이 나까다씨의 얼굴을 확인했다고 생각되는 순간, 차가운 손이 뺨을 만졌다. 아니 정말로 여인의 손이 뺨에 닿았는지 어쩐지 알 수는 없었다.

그 순간, 이미 나까다씨는 머리 속까지 마비가 오는 듯한 공포감 때문에 실제로 일어난 일을 알 수 없게 되어 버렸다.

이윽고 여인은 찾던 것을 찾았는지, 아니면 단념을 하였는지, 다시금 소리없이 벽에 걸린 족자로 사라져 버렸다.

그 다음은, 아무 일도 없었던 것처럼 전과 마찬가지로 무덥고 잠들기가 괴로운 밤이 돌아온 것이다.

다음 날 아침, 나까다씨는 이 일을 형수에게 이야기할 것인가 말 것인가 하고 망설였다.

나까다씨는 1년 전, 가고시마에서 상경한 뒤, 이 도쿄 네리마구 도오다이이즈미의 형님 집에 하숙하고 있었다. 둘레에 담장이 있고 넓은 마당에는 수목이 울창한 큰 집이었다.

어젯밤 부터 형은 회사 일로 출장가 있고, 형수와 애들은 이층의 방에, 나까다씨는 만일의 경우를 위해 아랫층 구석의 육조 방에서 잔 것이다. 그 이상한 사건은 그 육조방에서 일어난 것이나 형의 부재중에 형수에게 이상한 걱정을 시켜서는 하고 일단은 입을 다물었다. 하지만 나까다씨는 말을 하지 않을 수 없었다.

"역시 그랬군요. 전에 있던 가정부도 그 방에서 흰 옷을 입은 여자를 보았다고 했었어요…."

하고 뜻밖의 말을 했다.

나까다씨는 그 이후, 이 집의 전 주인의 일을 넌즈시 조사하여 보았다.

조사에 의하면, 이 집을 지은 사람은 굉장한 자산가였으나, 그 부인의 히스테리가 대단하며 구석의 방, 즉 나까다씨가 잔 방에 틀어 박혀선 한발자욱도 밖에 나가지 않았다.

그러다가 정말로 미쳐서 뒤의 우물에 몸을 던지고 자살하고 말았다고 한다.

헌데, 이 부인은 그 방에 무언가 중요한 것을 남긴채 죽어 버렸던 듯, 이따금 밤이 되면 나타나는 것 같다는 것이었다.

형님 내외는 이 소문을 알지 못하고 유령 저택을 산 것이었다.

7. 손짓하는 여자

그날 밤, 나가자와씨는 사냥친구인 야마다군과 함께 마을에서 좀 가까운 기누가사 산으로 토끼 사냥을 하러 갔다.

"내일은 토끼탕을 먹을 수 있겠는 걸"

그런 농담을 하면서 달 밝은 길을 두 시간이나 걸었을까? 간신이 목적지에 다달았다.

"이 근처에다 망을 치자"

"난 먼저 가서 토끼를 몰아낼게. 자네의 사냥개를 빌려 가네."

나가자와씨가 망을 치고 있는 동안, 야마다군은 사브(사냥개)를 데리고 산 속으로 들어갔다. 망을 다 치고 나서,

'자, 야마다군이 사냥감을 몰아 올 때까지 좀 쉬어야지. 담배라도 피울까?'

그렇게 생각하고 성냥을 그었으나 어찌된 일인지 칙! 하고 물이라도 끼얹은 듯이 꺼지고 말았다.

"첫!"

혀를 차며 다시 한개피를 그었으나 역시 마찬가지였다. 세개피, 네개피…… 몇 개피를 그어도 불은 붙지 않았다.

나가자와씨는 오기가 났다. 허나 성냥은 마침내 한개피도 불이 붙지 않은 채 드디어 갑이 빈 통이 되고 말았다.

"이상하다 어떻게 된 걸까?"

나가자와씨는 어쩐지 섬뜩해졌다. 그렇게 생각해서인지 달은 떴는데, 주위의 어둠은 차츰 짙어지는듯 했다. 숨 막히는 답답함

조차 느껴졌다. 하여튼 자리를 바꾸기로 했다.

망을 떼려고 생각하고 일어섰을 때, 나가자와씨는 뭔가 말랑거리는 것을 차버렸다. 사브였었다.

"야마다군과 함께 있었을 텐데… 이상하다!"

뭔가 불길한 예감이 엄습하면서 문득 앞을 본 순간, 나가자와씨는 그만 자기의 눈을 의심하고 말았다.

5, 6미터 앞에 밤 눈에도 똑똑히 23~24세 가량의 젊은 여성이 말없이 서있는 것이었다. 하얀 무명옷을 입고, 나막신을 신고 있었다. 눈은 무엇을 보고 있는지 둥글고 크게 뜬 채였다.

'이 한밤중에, 이런 산 속에, 게다가 여자가 혼자서……'

나가자와씨는 어쩐지 무서워져서 사브를 부추겨 덤벼들게 하려고 했다. 허나, 사브는 겁이 잔뜩 나서 나가자와씨의 다리 사이에 목을 처박고 있다.

나가자와씨는 점점 무서워졌다. 하지만 용기를 내서 사브를 안고, 여자를 향해 던져버리려고 했다.

그러자, 그 순간 여자의 모습은 어둠에 빨려 들어간 것처럼, 소리 없이 사라졌다.

"으악!"

나가자와씨는 저도 모르게 달리기 시작했다. 그렇게라도 하지 않으면, 머리가 이상해질 것만 같았다.

"야마다군을 찾아야겠다!"

무턱대고 아무데나 뛰어 다녔다. 이윽고 간신히 그를 찾기는 했으나, 그는 멍청히 숲속에 앉아 있었다.

"이봐! 야마다군, 뭘하고 있는 거야."

어깨를 흔들자, 겨우 잠에서 깬 것처럼

"……여기까지 왔더니 갑자기 졸려져서, 그래서 담배라도 피우려 했는데 성냥불이 붙지 않는 거야."

하고 말했다. 나가자와씨는 그 말을 듣자, 곧 그의 손을 끌고 황급히 마을로 돌아왔다.

그래도 사냥을 좋아하는 두사람은 다음 날 밤도 사냥을 나갔다. 물론 오늘은 다른 산이었다.

사브만은 이미 어젯밤 일 따위를 잊었는지 아무렇지도 않게 자꾸 앞으로 달려 갔다.

"야, 사브야, 너무 빨리 가서 길 잃지 말아라."

야마다군이 그렇게 말을 건넸을 때였다.

달빛 속에서, 사브의 몸이 2미터나 솟구쳐 올랐다고 생각되는 순간 요란한 비명 소리가 들렸다.

달려가 보니 사브는 새빨간 피바다 속에서 숨이 끊어져 있었다. 왼쪽 귀에서 오른쪽 어깨에 걸쳐 뭔가 날카로운 칼로 찢겨져 있었던 것이다.

그들은 그 자리에 우뚝 서고 말았다.

사브를 불쌍하다고 생각하는 기분보다는, 어제에 이어 오늘의 이 사건이 무서움이 앞서서 한 걸음도 더 움직일 수 없게 되었다.

그 다음 날 한밤중에도 무서운 일이 일어났다. 나가자와씨는 꿈속에서 자기의 이름을 부르는 소리를 들었다. 깜짝 놀라 눈을 떠보니 머리맡에서 하얀 무명 옷을 입은 그 여자가 손짓을 하고 있었다. 그 창백한 얼굴에는 가득히 시반(屍班)이 나 있었다.

"또 나타났다!"

그렇게 생각하고 나가자와씨는 정신없이 일어나자 전등을 켰다. 그러자 순간 여자의 모습도 사라졌다.

사흘동안 연이은 이 무서운 사건에, 그 당시 나가자와씨는 약간 노이로제 기운이 생기고 말았다.

나중에 확인된 바에 의하면, 이 여인은 나가자와씨의 소꿉친구였고, 나가자와씨의 친구 집에 출가하였으나 너무 가난한 탓으로 4년 전에 죽었다고 한다.

죽은 뒤 시집이 윤택해 진것을 원망하여 유령이 되서 나타난듯 했다.

성대한 재를 올려 주자, 그 유령은 다시는 나타나지 않았다고 한다.

▲ 아오모리껭 시모기타(下北)반도의 호도께가우라의 스냅사진이지만, 중앙에 남자의 얼굴이 가면처럼 찍혀 있다.

우뚝 솟은 암석이 마치, 영체의 의복처럼 보여 무서운 생각이 든다.

8. 사라진 점

일요일 오후, 고야마 히로꼬양 일행은, 농구시합을 앞두고 교정에서 연습을 하고 있었다.

그 때, 한대의 자전거가 교문으로 들어와 무서운 속력으로 히로꼬 일행이 연습하고 있는 곳으로 달려 들었다.

"앗!"

비킬 사이도 없이 자전거는 히로꼬를 받고 핸들에 붙여 둔 시장바구니로 뺨을 세게 맞은 히로꼬는 기절을 하고 말았다. 위생실로 실려간 히로꼬는 2, 3시간 신음소리를 내다 정신이 들었을 때는, 이미 저녁의 어둠이 사방을 덮고 있었다.

근심이 되어 지켜보고 있던 클럽 부원들은 정신이 든 히로꼬의 모습을 보고 안심을 했다.

그날 밤, 집으로 돌아온 히로꼬는, 무심히 거울을 보고 놀랐다.

"이, 이것이 내 얼굴이란 말야?……"

히로꼬는 기겁을 하게 놀랐다.

이윽고 크고 아름다운 눈에서는 하염없이 눈물이 흘러 나왔다. 그리고 왼쪽 뺨을 누른 히로꼬의 하얀 손이 힘 없이 미끄러져 내렸다. 귀여운 보조개가 패이는, 그 뺨. 그것은 히로꼬가 자기 몸 가운데에서도, 가장 자신을 가질 수 있는 좋아하는 곳이었다. 헌데 그 자랑스러운 뺨도, 이 점 때문에 보기 흉한 것으로 되고 말았다.

"에이꼬, 이젠 용서 못해."

피가 날 지경으로 세게 사려 문 히로꼬의 입술이 약간 움직였다.

야마나까 히데꼬야말로, 히로꼬의 볼에 점을 만들어 놓은 미운 범인이었던 것이다. 게다가, 히로꼬에게 있어 오직 한사람의 적이었다. 적이라고 하기 보다는, 태어나면서 부터 미워하는 숙명의 라이벌이었던 것이다.

까닭인즉, 어렸을 때 부터 같이 놀고 같이 공부를 하였으나, 재능으로나, 성격으로나 두 사람의 생활방식은 완전히 정반대였다. 히데꼬는, 어렸을 때부터 무슨 짓을 하면, 모두 히로꼬의 탓으로 여겼다. 그리고, 오늘 히로꼬로서는 참을 수 없는 무서운 사건이 되어 엄습해 온 것이다.

"절대로 용서 못한다."

거울을 바라다 보는 히로꼬의 눈이 섬칫하게 빛나고, 야릇한 공기가 맴돌기 시작했다. 원한을 마음 속에 가득 담고, 물끄러미 뚫어질 것처럼 거울을 노려 보는 히로꼬.

"……"

뭐라고 입 속으로 중얼거리고 있으나 들리지 않는다. 만약 이 방에 누군가 들어 왔다면 그 무서운 분위기에 몸서리가 쳐져서, 우뚝 서고 말았을 것이라고 생각될 만한 지경이었다.

거울을 들여다 본 채, 돌부처 처럼 꼼짝도 하지 않은 히로꼬는 밤 늦도록 그대로 있었다.

한편 히로꼬에게 자전거를 부딪치게 한채, 아무 말도 않은 채 집으로 돌아와 버린 히데꼬는 그날 밤,

"아이고, 아, 아파!"

심한 통증을 얼굴에 느끼고 침대에서 벌떡 일어났다. 송곳에라도 찔린 것 같은 고통으로, 히데꼬는 침대 위를 대굴대굴 구르고, 함께 자고 있던 언니를 놀라게 했다.

"히데꼬 웬일이냐?"

울부짖으며 대굴대굴 구르는 히데꼬에게, 부모도 언니도 손을 쓸 수가 없었다.

"아악! 얼굴이 타는 것처럼 아파!"

히데꼬는 화장실로 달려가자 물로 얼굴을 식혔다. 하지만 심한 통증과 달아오르는 열기에는 효과가 없었다. 히데꼬는 그날 밤, 내내 고통에 시달렸다. 새벽녘이 되어, 통증이 가라앉아 겨우 잠을 잘 수 있었다.

그리고 다음 날 아침,

"히, 히데꼬, 그 점은?……"

히데꼬의 얼굴을 들여다 본 언니는 놀라 소리를 질렀다. 히데꼬의 왼쪽 뺨에는 검으스름한 큼직한 점이 뚜렷이 나타나 있는 게 아닌가!

"뭐? 점이……"

벌떡 일어나, 거울 앞에 달려간 히데꼬는 거울을 한번 보자, 으앙 하고 엎어져 울었다. 그 점은 바로 히데꼬의 빰에 있는 점과 똑 같은 것이었다.

다음 날 점을 감추면서 학교에 간 히데꼬는 밝은 표정을 짓는 히로꼬의 얼굴을 보고 기겁을 하고 놀랐다. 어제 히로꼬에게 있던 점이 사라졌던 것이다. 너무나 이상한 일에 히데꼬는 언제까지나 장승처럼 멀건이 서있었다.

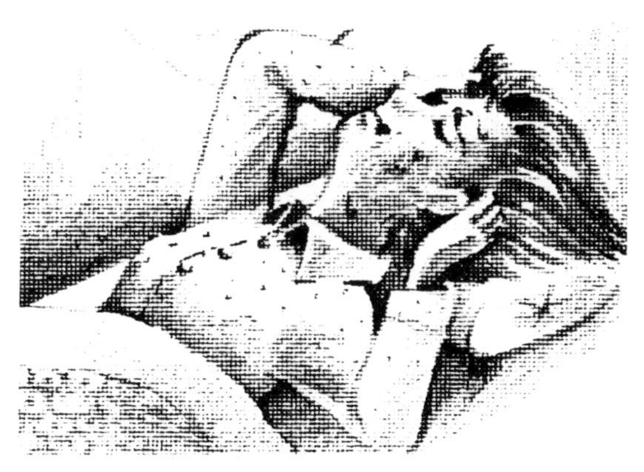

9. 졸업사진에 손목이

효오고껭 가고가와 중학의 졸업 기념 사진 촬영을 하였을 때—

급우들과 카메라 앞에 서면서, 하마야 하쓰이찌군은 당연히 바로 오늘, 함께 기념 앨범에 올라야 했을 K꼬양의 일을 생각하고 있었다.

어떤 괴로운 일이 있었는지 알 수 없으나, K꼬양은 4개월 전에 상요오본선에 뛰어 들어 자살하고 말았다.

너와 같이 졸업하고 싶었었는데……

이렇게, 거기 까지 생각하였을 때 하마야군의 오른 쪽 어깨를 와락 미는 것이 있었다. 얼떨결에 비틀거리며 왼쪽 곁에 선 친구에게 몸이 부딪쳐, 그것이 차례로 전달되어 급우들은 우르르 한데 겹쳐 쓰러졌다.

"누구야? 장난 치지 마!"

급우들의 비난하는 소리가 들렸다.

하지만 하마야군으로서도 도대체 누가 먼저 밀었는지 짐작도 할 수 없었다.

"어머, 여기 좀 봐! 하마야군의 양 어깨에 있는 게 누구 손이지? ……"

곧 완성된 사진을 보고 여학생이 깜짝 놀란듯이 소리를 질렀다. 보니 팔 부분은 없고 손목에서 부터, 마치 뒤에서 손을 뻗쳐 어깨에 걸친 것처럼 놓여 있는 것이었다.

누구에게 물어 보아도 촬영하였을 때 하마야군의 어깨에 손을

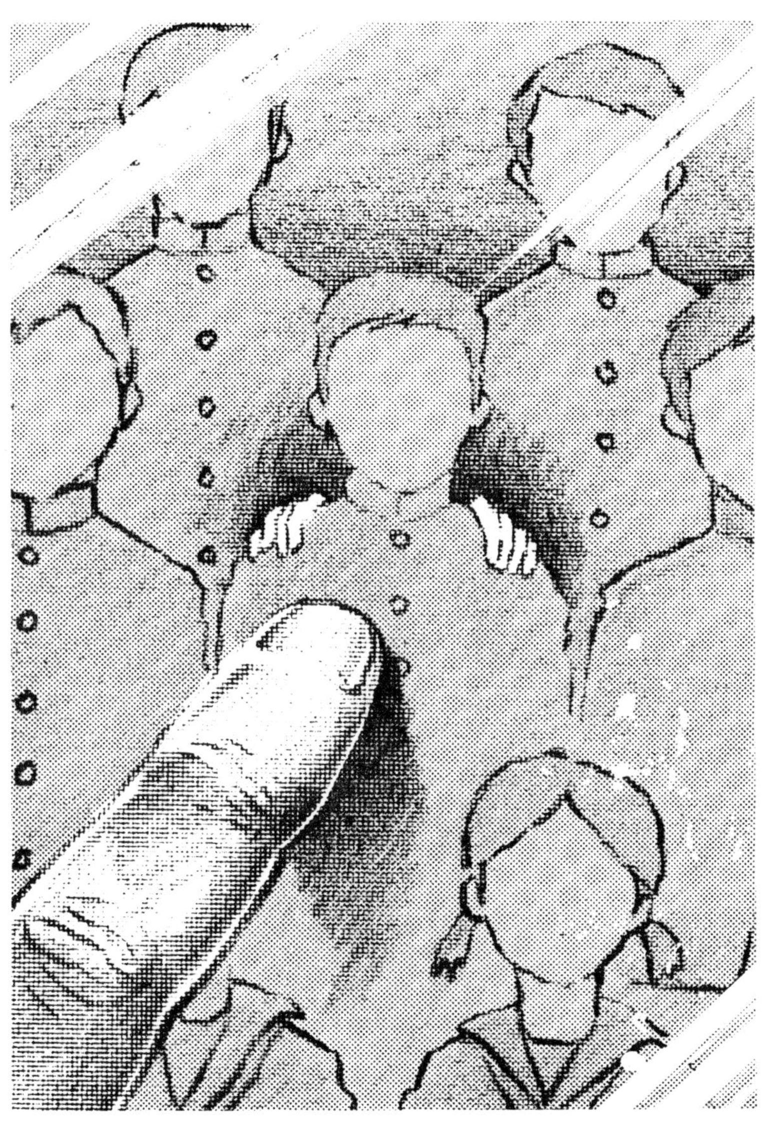

없은 사람은 없다고 한다. 설령 누군가의 손이라고 치더라도, 팔 부분이 지워져 있는 게 이상했다.

도대체 누구의 손일까?

—K꼬양의 손이다!—

하마야군은 짐작가는 게 있었다. 전차에 치어서 산산조각이 난 K꼬양의 시체에서 두 손목만이 아무리 찾아도 보이지 않았다고 하지 않았었나!

게다가 촬영하였을 때, 갑자기 어깨를 민 것이 있었다. 죽은 K꼬양이, 졸업하는 기념 촬영에만은 참가하고 싶어서 틀림없이 이승으로 되돌아 온 것이다.

하마야군은 그렇게 확신을 했다.

10. 하얀 살갗의 고양이 털

"얘, 얘야!"

어머니는 기절할 정도로 놀라, 소리를 지르고 그 자리에 힘없이 주저 앉고 말았다.

"엄마 나 죽고 싶어……"

야마노 준꼬(15세, 본인의 희망으로 가명)는 울어서 새빨갛게 부은 눈으로 어머니를 보았다.

어떻게 된 일인지 준꼬양의 새하얀 살갗에 적갈색 고양이 털이 돋아나고 있는 것이었다. 그 기분 나쁜 고양이털은 가슴에, 등에, 게다가 다리에도 북실북실 돋아있는 게 아닌가……

"준꼬, 이 털은 언제부터?"

"사흘 전이라고 생각돼요. 하지만 그때는 아직 뚜렷하지 않았었거든……"

어머니는 내키지 않아 하는 준꼬양을 데리고 아는 기도사에게 갔다.

동북 지방 사람들은 미신을 믿어서 해괴한 일이 있으면 의사보다도 우선 기도사한테 가서 봐달라는 것이었다.

"너 고양이를 죽였지?"

제단을 향해 합장을 하고 있던 기도사는, 이윽고 준꼬양 쪽을 돌아다 보더니 엄한 말투로 말했다.

"예, 예.…"

준꼬양은 두주일 쯤 전에 친구 셋이 함께, 한마리의 3색 얼룩고양

이를 개울에 집어던져서 죽였던 것이다. 준꼬양 일행이 고양이를 죽인 것은, 그 고양이가 아기를 물어뜯으려고 한 장면을 보았기 때문이었다.

"그 고양이의 저주란다. 네 몸에 고양이 털이 난 것은……"

기도사는 준꼬양 모녀의 소원으로 정성껏 기도를 계속하고 있으나, 준꼬양의 몸에 난 고양이 털은 좀처럼 없어질 것 같지 않았다.

최근에, 아오모리껭 하찌노헤시에서 있었던 일이다.

11. 피에 묻은 여름 옷

"기운 내세요. 나도 아르바이트 해서 일할 테니까요."

중학 2학년인 이시이 세이이찌군은 맥이 빠져있는 어머니에게 용기를 주었으나, 역시 마음 속의 충격은 컸다. 그도 그럴 것이, 전날까지 건강하게 일하던 아버지가 어이 없게 병사(病死)를 하고 만 것이다.

더욱이 아버지는 조그만 회사를 경영하고 있었으나, 요즈음 적자가 계속되어 빚도 늘고 있었다.

"그렇지, 언제까지 끙끙 앓고 있다고 아버지가 돌아오실 까닭도 없구나, 셋이서 열심히 살자!"

정신을 가다듬은 어머니는, 장례식이 끝나자 곧 집 안을 정리하기 시작하고 싼 아파트를 찾았다.

"이것으로 이 집하고도 이별이구나…"

이사 가는 날, 세이이찌와 어머니, 그리고 누이동생 다에꼬(열살)의 세사람은, 눈물을 흘리며 오랫동안 정든 집을 언제까지나 바라다 보고 있었다.

"어머니, 제가 일할 수 있게 되면 꼭 집을 지어들일 게요."

"고맙다.…"

세이이찌의 다정한 마음에 어머니는 뜨거운 눈물을 흘리는 것이었다.

이들은 소형 트럭 한대에 조촐한 일용품을 싣고 아파트로 이사를 했다. 그 아파트는 우쓰노미야 시내 중심에서 멀리 떨어진 곳에

있었고, 낡은 목조 이층집이었다.

"더러운 곳이네……"

누이동생 다에꼬는 그만 고개를 움추리고 들어가기를 꺼려했다.

"사치스런 소리 하지 마"

세이이찌는 누이동생을 꾸짖으며, 그 손을 끌고 아파트 안으로 밀어넣었다.

"어쩐지, 도깨비라도 나올 것 같구나."

어머니도 몹시 상한 방을 둘러보며 쓴 웃음을 지었다.

3평과 2평짜리 방, 게다가 부엌과 화장실이 있어서 더럽지만 생활에는 불편이 없었다.

어머니의 일거리도 생기고, 세이이찌도 신문배달 아르바이트를 하게 되어 아버지의 죽음으로 받은 충격에서 헤어나올 수 있게 되었다.

쏴—!

한밤중에 세이이찌군은 화장실의 물소리에 잠이 깨었다.

"어?"

졸리운 눈을 부비며 일어난 세이이찌군은 방의 전등이 켜 있는데 깜짝 놀랐다.

공부를 마치고 마지막으로 자리에 들어간 것은 세이이찌이며 틀림없이 방안의 전등을 꼈던 것이다.

"다에꼬 짓이군, 못 말려."

세이이찌는 화장실의 물이 계속 흐르는 것도 생각하고, 누이동생이 화장실에 갔다가 전등을 끄는 걸 잊어버렸나 보다고 생각한 것이다.

"다에꼬, 밤중에 화장실에 갔으면 제대로 물을 잠그고, 전등도 꺼야지 않니."

다음 날 아침 세이이찌군은 누이동생을 꾸짖었다.

"몰라, 나 화장실에 간 일 없어."

다에꼬는 볼멘 소리로 대답했다.

"하지만, 화장실의 물은 계속 흘렀고, 방안의 전등이 켜있었단 말이다."

세이이찌는 말했다.

"엄마는 피곤해서 잠자고 있어서 몰랐지만, 이상하구나……"

오누이의 말을 듣고 있던 어머니도 고개를 갸우뚱하고 말았다. 하지만 모두 나가야 할 시간이 되었으므로, 그 이상의 이야기는 하지 않고 끝났다.

"오빠……"

세이이찌가 신문배달에서 돌아와 보니 누이동생은 방 안에 들어가지 않고 현관에서 울상을 짓고 서 있었다.

"웬 일이냐?"

세이이찌는 문을 열고 누이동생을 방에 들여보내려고 하였으나, 싫어하며 들어가지 않았다.

"오늘 학교에서 친구한테 들었는데, 이 방에 귀신이 나온데……"

다에꼬는 떨고 있었다.

다에꼬가 들은 이야기에 의하면 일년 전에, 이 방에 살고 있던 여성이 누군가에게 살해당하고 부터, 그 귀신이 나와서 아무도 세드는 사람이 없었다고 했다. 세이이찌네가 세든 반년 전에 살고 있던 여성은 유령에게 받은 충격으로 미쳐버렸다는 이야기도 있다고 했다.

"그런 이야기 엉터리다."

세이이찌는 내뱉듯이 말했다.

"하지만 어젯밤. 화장실의 물이 계속 흘렀지. 전등이 켜져 있었지, 그게 모두 유령의 짓이라는데……"

'"설마… 어제는 네가 잠에 취해서 한 짓이야."

"아냐. 난 일어나지도 않았는데?"

오누이가 말다툼을 하고 있는데 어머니가 돌아왔다. 그리고 다에꼬의 이야기를 듣자,

"그래…… 끔찍하구나. 그래도 그 귀신이 꼭 나타난다고 단정지을 순 없지 않니. 게다가 또 이사를 간다고 해도 돈이 없고 말이다."

어머니의 곤란하다는 듯한, 외로운 듯한 표정을 본 세이이찌와 다에꼬는 더 이상 아무 말도 하지 않았다.

오후 11시. 그 날은 셋이 나란히 자리에 들었다. 오누이는 어머니를 가운데로 하고 양 옆에서 잤다.

"안녕히 주무세요."

세이이찌는 마지막으로 전등을 끈 뒤 자리에 들었다. 세이이찌네의 방은 일층의 모퉁이에 있었고, 창 너머로 큰 길의 전주가 서있었으므로, 그 불빛이 비쳐들어서 방 안은 제법 환했다.

세이이찌와 다에꼬는 곧 잠이 들었다. 하지만 왜그런지 어머니는 괴롭고 깊이 잠이 들지 않아서 계속 뒤채기만 했다.

"아, 앗!"

어머니는 오른 뺨에서 목으로 차갑고 끈적거리는 것을 느껴, 그것

을 손으로 닦으려고 했으나 아무래도 손이 말을 듣지 않았다. 눈을 뜨려고 했으나, 마치 실로 꼬매놓은 듯이 눈이 붙어버려 떠지지 않았다.

"아, 아……"

있는 힘을 다해 몸부림치며, 겨우 눈을 뜨자, 온 몸에 식은 땀이 스며나오고 있었다.

"무엇일까……"

어머니는 혼잣말을 하면서 땀을 씻고, 물을 마시고 다시 자리에 들어갔다.

비몽사몽 간에 이번에는 발치 쪽에서 뭔가 무거운 것이 짓누르는 듯한 느낌이 들었다.

"으, 윽……"

어머니는 덮쳐오는 것을 힘껏 밀어제끼려고 몸부림을 쳤다. 하지만 몸부림을 치면 칠수록 그 무게는 더 무거워만 갔다.

"아, 악!"

힘껏 떠다 밀면서 깜짝 놀라 눈을 뜬 어머니는 섬칫하여 숨을 멈추었다.

이럴 수가, 자기 몸을 덮치려고 하는 것은 얼굴이 찌그러지고, 여름 옷을 피로 붉게 물들인 여자의 유령이었다.

"으악! 세, 세이이찌!"

어머니는 비명을 지르면서 옆에서 자고 있는 세이이찌를 깨웠다.

"악!"

눈을 뜬 세이이찌도, 그 무시무시한 여자 유령을 보고 아연실색했다. 세이이찌가 눈을 뜬 순간, 여자 유령은 어머니에게서 떨어져, 찌그러진 눈으로, 무서워 얼싸안고 떨고 있는 어머니와 세이이찌를 물끄러미 내려다 보고 있었다.

"……?"

이윽고 유령의 모습은 벽에 빨려들어 가듯이 사라져 갔으나, 모자는 공포때문에 말도 못하고 묵묵히 있었다.

"전등을 켤까요?"

간신이 제 정신이 든 세이이찌는 전등 스위치를 켰으나 불이 들어오지 않았다. 창백하게 질린 모자는 이불 위에 앉아서 얼굴을 마주보고 있었다.

쏴—!

갑자기 화장실의 물 흐르는 소리가 났다. 그 소리는 모자를 공포의 구렁텅이로 밀어넣고야 말았다.

"어, 어머니……"

세이이찌는, 전날 밤의 물 소리의 수수께끼가 풀리고, 무서움에 숨조차 막히는듯 했다.

저벅 저벅—.

2평짜리 방바닥을 무엇이 쥐어뜯는 듯한 무시무시한 소리가 났다. 소리는 모자가 있는 3평짜리 방 쪽으로 차츰 다가왔다.

"으으윽……"

갑자기 자고 있던 다에꼬가 괴로운 듯이 신음 소리를 냈다.

"다에꼬, 왜 그러니?"

어머니의 손이 닿은 다에꼬의 이마는 불덩이 같이 뜨거웠다.

"세이이찌, 다에꼬가……"

어머니가 세이이찌의 손을 다에꼬의 이마에 대게 했을 때 꺼졌던 전등이 반짝 들어왔다.

"으악!"

모자는 눈 앞에 벽을 보고 기겁을 하게 놀랐다.

새하얗던 벽이 피로 빨갛게 물들고 여자의 모습처럼 되어 있었던 것이다.

새벽이 밝아옴과 동시에 벽은 원래대로 하얗게 되고, 아무 흔적도 남아 있지 않았다.

12. 오후 10시의 사랑의 꿈

"어서 오십시요!"

도쿄 다까다바에 있는 다방 '농사랑'의 아가씨 도시꼬는 단골 손님인 히사노에게 상냥하게 말을 건넸다.

히사노는, 어느 대학의 학생으로 가게에는 매일 같이 왔었고, 도시꼬에게도 호의 이상의 것을 가지고 있었다.

도시꼬 또한 병약한 데도 아르바이트 하면서 공부하고 있는 히사노를 좋아했고, 히사노가 좋아하는 리스트의 〈사랑의 꿈〉이라는 곡도 좋아했다.

"커피로 괜찮죠?"

"예……"

히사노는 어쩐지 기운이 없었다.

"히사노님, 무슨 일 있어요? 그저께 부터 갑자기 늦게 오시게 되었으니…"

지금까지, 낮시간이나 저녁 때 밖에 오지 않던 히사노가, 이틀 전부터 밤 10시가 지나서 오게 되었으므로, 도시꼬는 걱정이 되어 물었다.

"늦게 까지 일하면, 몸에 해로워요…"

도시꼬는 히사노가 가슴을 앓고 있는 것을 알고 있었다.

"예, 하지만 괜찮습니다!"

히사노는 힘없이 대답했다.

"늘 듣는 곡, 괜찮죠?"

이렇게 말하고 도시꼬가 틀어준 리스트의 곡을, 히사노는 눈을 감고 조용히 듣고 있었다.

—어쩐지 다른 때와 다른 것 같아. 과자도 먹지 않고……

도시꼬는 그렇게 느끼면서도 심각하게는 생각하려고 하지 않고, 기운이 없는 것은 일을 한 탓이라고 생각하고 있었다. 하지만 이상한 일은, 도시꼬가 잠시 한눈을 팔고 있는 사이에 히사노는 갑자기 없어져 버린 것이었다.

—어머, 어데 갔을까? 밖에 나간 흔적도 없는데……

하고 생각했으나, 가게가 바빴으므로 도시꼬는 그다지 마음에 담지 않았다.

"늘 동생이 신세를 져서요…"

다음 날, 느닷없이 히사노의 누나라는 사람이 '농사랑'에 나타났다.

새삼스럽게 인사를 하는 히사노의 누나의 태도에 도시꼬는 어쩐지 마음이 어수선해서 황급히 되물었다.

"천만에요. 저어, 이사라도 가시는 겁니까?"

"아뇨, 동생이 갑자기 세상을 떠서요, 인사를 하러 온 겁니다."

"예? 히사노님이…?"

도시꼬에게는 이 누나의 말이 믿기지 않았다. 그도 그럴 것이 히사노는 어젯밤에도 가게에 왔었기 때문이다.

"예, 갑자기 피를 토하고요, 그래서……"

누나는 동생의 일을 생각해 냈는지, 거기까지 말하고 말문이 막혔다.

"하지만 꽤나 갑작스럽군요. 어젯밤에 오셨을 때에는, 도저히 그런 것 같지 않게 보였었는데요……"

"뭐라고요? 어젯밤이라고요? 동생이 죽은 건 사흘 전입니다……"

그렇담, 어젯밤의 히사노님은…"

이렇게 생각한 순간, 도시꼬는 눈 앞이 가물거리고, 온 몸이 식은 땀으로 흠뻑 젖었다. 하지만 도시꼬는 안간힘을 써서 히사노의 누나의 말을 부정하려고 했다.

그, 그럴 리가 없어! 히사노님은 분명히 어젯밤도, 그 전날 밤에도 우리 가게에 와서 커피를 마시고 리스트의 음악을 듣고 갔는 걸……

하지만 생각해 보니 그 때의 히사노는, 순간적으로 사라져 버렸던 것이다. 게다가 여늬 때와 달리 이틀이나 밤 10시 정각에 나타난 것도 이상했다.

"동생이 숨을 거둔 것은 사흘 전의 밤 10시 정각이었습니다…"

이렇게 말하는 누나의 말에, 도시꼬는 더 이상 제정신이 아니었다.

—죽은 것이 10시, 나타난 것도 10시… 10시…

그 순간 도시꼬는 눈 앞이 깜깜해졌다.

"그렇담 동생의 망령(亡靈)이 이곳에 모습을 보인 거군요."

의식을 회복한 도시꼬에게서 자초지종을 들은 누나는 그렇게 말한 채, 멍청히 가게 안을 히사노가 앉아 있던 자리를 바라다보고 있었다. 도시꼬를 사모하고 있던 히사노의 영이, 도시꼬를 만나러 나타난 것이다.

이 사건은, 전쟁중에 일어난 일이지만 이와 같은 원한령은 지금도 여기 저기에 존재하고 있는 것이다.

오오사까의 혼잡을 이룬 지하상가……. 길 가는 사람의 뒷모습을 셔터가 잡았다. 헌데 이게 웬일일까! 그곳에는 소녀의 영체가 부유령이 되어…….

13. 사랑과 죽음의 길 안내

[저승에 간 소녀가, 장님 청년을 차에서 지키려고……]

"쇼오이찌씨, 수영 안할래요?"

이시오까 유미꼬는 스케치만 하고 있는 야노 쇼오이찌를 꼬였다.

"그렇군, 수영할까?"

쇼오이찌는 별로 마음이 내키지 않는 것 같았으나, 몇번이나 유미꼬가 권하자 간신이 일어났다.

최근에 아마기산 기슭을 흐르는 강에서 있었던 일이다.

이시오까 유미꼬는 중학 1학년, 야노 쇼오이찌는 고교 1학년의 사이좋은 소꼽친구 였다. 두 사람은 오빠와 누나들과 캠프하러 와 있었다.

"쇼오이찌씨 살려 줘!"

유미꼬는 급류에 휩쓸려 버렸다. 쇼오이찌는 있는 힘을 다해 유미꼬를 구하려고 했으나, 불행은 겹치기 마련으로 허우적거리는 유미꼬의 팔에 걸린 가는 대꼬챙이가 쇼오이찌의 눈을 찔렀다.

"아악!"

두 눈을 대꼬챙이에 찔린 쇼오이찌는 유미꼬를 구하기는 커녕 급류에 밀려 하마터면 빠질뻔 했다. 하지만 달려온 형에게 구해졌다.

"유미는?"

눈을 뜰 수도 없는 쇼오이찌는, 병원에 실려가면서도 유미꼬의 일을 걱정했다.

그날 저녁때, 변해버린 유미꼬의 익사체가 멀리 떨어진 하류에서 발견되었다.

"뭐? 역시… 내가 변번치 못했던 거야……"

유미꼬의 죽음은 쇼오이찌에게 큰 충격을 주었다. 쇼오이찌는 그날 부터 사흘 동안은 아무 것도 먹지도, 마시지도 않은채 유미꼬의 죽음을 슬퍼했다.

수술을 받았으나, 쇼오이찌의 눈은 치료되지 않았다. 완전히 실명되고 말았다.

쇼오이찌는 자기의 실명보다도 유미꼬의 죽음을 계속 슬퍼하여, 매달 유미꼬의 명일에는 성묘를 할 정도였다.

그날도 또 쇼오이찌는 유미꼬의 성묘를 떠났다. 여늬 때에는 어머니가 동행해 주었으나 달리 급한 볼 일이 생겼으므로 쇼오이찌 혼자서였다.

"유미쨩, 넌 지금 어떤 곳에 있니?"

쇼오이찌는 유미꼬의 무덤 앞에서 살아있는 사람에게라도 이야기하듯이 유미꼬에게 이야기했다.

"아무 것도 대답해 주지 않는구나……"

쇼오이찌는 죽은 유미꼬가 대답할 까닭이 없다는 것을 알면서도 그런 말을 하고 혼자서 쓴웃음을 웃고 말았다.

"그럼 유미쨩, 내달에 또 올께…."

쇼오이찌는 묘석을 만지고 작별을 고하자 흰 지팡이를 의지하여 절을 나섰다.

큰 길에는 차가 가득했다. 쇼오이찌는 온몸의 신경을 귀와 지팡이에 모으고 걸었으나, 매우 위태롭고 몇번이나 부딪칠뻔 했다.

"더 오른 쪽이예요."

쇼오이찌는 깜짝 놀랐다. 갑자기 유미꼬의 목소리가 들려온 것이다. 하지만 있을 수 없는 일이므로 잘못 들은 걸 거라고 고쳐 생각했다. 하지만,

"쇼오이찌씨 더 왼쪽으로 비키지 않으면 안되요."

유미꼬의 목소리는 그 후로도 들리고 쇼오이찌가 무사히 걸어갈 수 있도록 길안내를 해주었다.

"앗 위험해, 멈춰요!"

갑자기 유미꼬의 외치는 소리가 들렸다. 다음에 차가 급부레이크를 밟는 소리가 났다. 모퉁이를 돌아나 온 차였던 것이다.

"이상한데, 분명히 계집애가……"

기사는 고개를 갸우뚱했다. 그는 장님인 쇼오이찌 앞에 가로막고 서서 손을 들고 있는 소녀를 본 것이다.

"유미쨩이다……"

기사에게서 그 소녀의 이야기를 들은 쇼오이찌는 놀라움과 기쁨이 뒤섞인 착잡한 기분이었다.

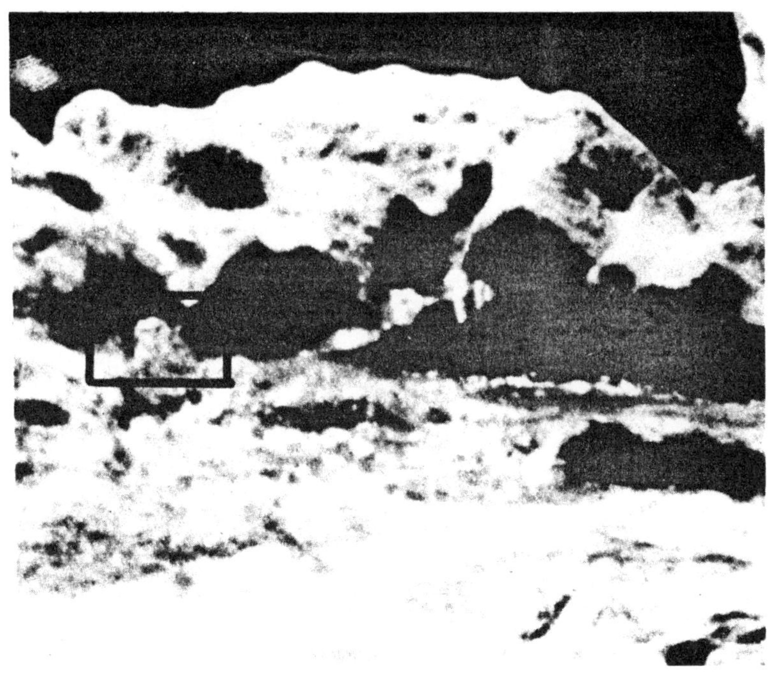

14. 사랑의 협주곡

[사랑이 없는데 피아노가 「사랑의 협주곡」을 연주한다. 그것은 그날 피를 토하고 죽은 연인이 치고 있는 것이다.]

지휘자는 천천히 지휘대로 오르자, 지휘봉을 들고 오케스트라의 지휘를 시작했다. 차이코프스키 작곡, 피아노 협주곡 제1번—

피아노 소리가 격하게 울리고 지휘자의 지휘봉에 힘이 가해진다. 열정적인 연주에 관객도 그만 숨을 죽이고 듣고 있다.

"소노에양!"

지휘자의 입에서 열뜬 말이 새나왔다. 그의 눈에는 지금 피아노를 치고 있는 여성이 지금은 없는 이가와 소노에로 비쳤다. 열에 들뜬 듯이 지휘봉을 휘두르는 지휘자의 머리 속에는 지금 소노에 하고의 추억이 주마등처럼 달리고 있는 것이다.

"다시 한번 처음 부터 하는 거야! 조금 템포가 빠르구나……"

소노에의 연습을 봐주고 있던 지휘자는 다정하게 그러나 엄격하게 다시 하기를 명령했다.

"죄송합니다.…"

소노에는 지적된 부분을 열심히 다시 쳤다.

"그래 그러면 되는 거야. 아주 잘 했어……"

그는 만족한 듯이 건반 위를 달리는 소노에의 하얀 손가락을 바라다보고 있었다. 허나 다음 순간, 소노에는 심하게 기침을 했다.

"소노에양! 괜찮은가? 지친 게 아닌가?"

"예, 조금요…"

"무리하면 안돼지. 그렇지! 내주 월요일에 정양하는 것도 겸해서 어데고 데리고 가주지……"

"아이 좋아라! 저 예쁜 마가려꽃이 가득 피어 있는 초원에 가보고 싶어요."

소노에는, 그에게 응석부리듯이 말하더니 더 계속했다.

"선생님, 마가려의 꽃말 아세요? 진실한 사랑을 뜻한데요……"

그는 눈을 가늘게 뜨고 소노에의 말을 잠시 들은 뒤, 다시 연습을 시작하게 했다.

방에 가득 넘치는 피아노 소리… 건반 위를 춤 추는 소노에의 하얀 손가락. 연습은 바야흐로 최고조에 오르려 하고 있다.

그러자 바로 그 때—

꽈당—!

소노에가 갑자기 기침을 심하게 하면서 피아노 위에 푹 엎으러졌다.

"이봐, 소노에양! 어찌된 거야!"

지휘자는 허둥대고 소노에를 안아 일으켜 보니, 그녀의 입에서는 검붉은 피가 넘쳐나오고, 하얀 건반을 붉게 물들이고 있는 게 아닌가.

"선, 선생님… 이젠… 마가려의… 초원에 갈 수 없네요……"

지휘자의 품 안에서 간신이 이 말만 하고는, 조용히 숨을 거두고 말았다.

"예쁜 마가려이 핀 초원에 가 보고 싶어……"

그의 책상 위에 놓인 소노에의 사진은 늘 그에게 그렇게 말하고 있는 것 같았다.

—내가 무리한 연습을 시키지 않았다면—

그녀의 사진을 볼 때마다, 그는 늘 가슴이 미어지는듯 했다.

그러던 어느 날 밤—

아무도 없을 옆방에서 갑자기 피아노 소리가 나기 시작했다.

"앗, 저건……!"

옆방으로 뛰어든 그는 그 자리에 우뚝 서고 말았다. 피아노 앞에는 아무도 없는데 하얀 건반이 저절로 춤을 추는 게 아닌가. 그것도, 차이코프스키의 피아노 협주곡을!

—소노에다! 소노에가 치고 있는 거다!—

이렇게 생각한 순간, 그의 등골이 오싹해지며 찬물을 끼얹은 것 같았다. 머리카락이 쭈뼛해지고, 그는 그 자리에 못 박힌듯 움직일 수 없게 되었다. 또한 더욱 무시무시한 일이 일어났다.

하얀해야 할 건반 위에, 검붉은 끈적거리는 피가 뚝뚝 떨어지기 시작한 것이었다.

그것은 소노에가 토한 피와 꼭 같은 피였다. 아무도 없는데 피아노에서 연주하는 곡도, 그 때 치던 것과 같은 협주곡. 더욱이 잘못 치는 부분까지도 소노에의 잘못과 그대로였다.

"소노에… 소노에!… 소노에!…"

그는 눈에는 보이지 않으나, 그곳에 있을 소노에의 망령을 향해 불러 보았다. 그랬더니, 아니나 다르랴, 그가 소노에의 이름을 부를 때마다, 마치 대답이라도 하듯 피아노 소리가 그 순간 멎는 것이다.

"여, 역시……"

지휘자는 무서운 것도 잊고 피아노 있는 곳으로 달려 갔다.

—소노에가 와 있다. 지금 이곳에 소노에가 있는 거야—

그는 미친 사람처럼 피아노를 두드려 댔다.

그런 일이 있은 뒤부터는 오케스트라를 앞에 두고 지휘봉을 휘두르는 그의 눈에는 늘 소노에가 비치게 되었다. 전혀 다른 사람이 피아노를 치고 있어도, 그에게는 소노에의 모습 밖에 보이지 않는 것이다. 그리고, 오늘도 또한 그는 죽은 소노에의 피아노 소리를 들으면서 격하게 지휘봉을 흔들고 있었다.

최근, 도쿄에서 일어난 이상한 사건이다.

그룹사운드 '로즈마리'의 공연 스냅을 찍었더니, 3년 전에 변사한 여성 팬의 얼굴이 찍혀 있었다.

15. 산에서 돌아온 친구

[벼랑에서 떨어져 추락사했을 친구가 멍청한 얼굴 표정을 짓고 걷고 있었다!]

"여보게, 하라다 아닌가?"

야스다 다까시는, 바로 앞에 있는 친구를 보자, 엉겁결에 말을 건넸다.

야스다는 회사 일로, 도쿄에서 출장오는 본사의 사원을 교또역으로 마중나와 있었던 것이다.

"아—"

등산 차림새의 하라다는 빙긋 웃고 손을 들었으나 몹시 어두운 얼굴 표정이었다.

"명랑한 친군데 어쩐 일일까?

야스다는 문득 생각했으나 그 때 마침 몇 사람의 출장 사원이 개찰구를 나왔으므로, 그곳에 신경을 쓰고 말았다.

하지만 야스다는, 그때의 시간이 오후 3시 17분이었던 것만은 똑똑히 기억하고 있었다.

"여보세요. 즈이찌군 부탁합니다."

산을 좋아하는 그는, 하라다에게서 산 이야기를 들으려고 생각하여 퇴근하자마자 전화를 걸었다.

"즈이찌는 아직 산에서 돌아오지 않았는데요…"

전화에 나온 하라다의 어머니는 미심쩍다는 듯이 대답했다.

"하지만 교또역에서…"

야스다는 교또역에서 하라다를 만났다는 것을 이야기했다.

어머니는 깜짝 놀랐다. 그리고 하라다의 애인에게서도, 거리를

걸어다니고 있는 하라다의 모습을 보았다는 소식이 있었다고 말했다.

다음 날, 하라다가 전날의 오후 3시 15분쯤, 고마게다께의 바위밭에서 백미터 아래로 추락하여 즉사했다는 소식을 들었을 때 야스다는 충격을 받은 나머지 한동안은 아무 말도 못했다.

역사를 초월하는 기적

괴기전설

1. 밤에 우는 돌

"밤에 우는 돌에 유령이 나온다고 하지만 사실일까? 확인해 보자."

마쓰야마 시내에 사는 이자와 기찌조오씨는 그렇게 말하고 마쓰야마성의 세번째 성곽 자리로 갔다.

밤에 우는 돌이란, 세번째 성곽 자리에 남은 오래 된 정원석이다. 주위에는 풀이 우거져 있어, 낮에도 으시시한 곳에 있다.

이자와씨는 풀을 헤치며 조심조심 돌로 다가갔으나, 아무 일도 일어나지 않았다.

"역시 유령 같은 게 나올 게 뭐람!"

이윽고 이자와씨는 돌아가려 했다. 바로 그때였다.

"으앙—! 으앵!"

갑자기, 여자와 어린이의 울부짖는 소리가 나며, 밤에 우는 돌 주위에 창백한 사람의 그림자가 나타났다.

모두가 머리를 풀어헤친 피투성이의 여인이었다.

"유, 유령이다!"

이자와씨는 너무나 무서운 나머지 기절을 하고 말았다.

어째서 밤에 우는 돌에서 유령이 나오는 걸까?

"옛날 마쓰야마 성주인 가모우 다다도모가 후사를 이을 애가 태어나지 않는데 화를 내어, 성안의 여자를 잡아서는 이 돌 위에서 배를 갈라 죽였다. 그러므로 살해된 사람의 원한이 이 돌에 맺혀 있는 것이다"라고 전해진다.

2. 괴음이 나는 절

"댕— 댕—"

본당에서 종소리가 울린다. 안의 객실에서 주지스님을 에워싸고 이야기를 하고 있던 신자들이 놀라서 서로 얼굴을 마주 보았다.

지금 본당에는 아무도 없을 것이다. 헌데 그 본당에서 종소리가 똑똑히 들려 오는 것이었다.

"스님…?"

신자들은 놀란 얼굴을 주지스님에게로 돌렸다.

"뭐, 마음 쓸 것 없어요. 영께서 오신 거요."

주지스님은 아무렇지도 않은 얼굴을 하고 신자들에게 말했다.

그러자 바로 그 때였다.

뽀글 뽀글 뽀글—.

이번에는 목어(木魚)의 소리이다.

깜짝 놀란 신자들은 모두 엉거주춤해져서 본당 쪽으로 귀를 기울이고, 기웃거렸다.

"조금도 놀랄 것 없어요. 이런 일은, 늘상 있는 일인 걸."

주지스님은 일어서더니 신자들을 손짓하여 본당 쪽으로 들어갔다.

이곳은 히로시마껭 가미시이군 미와동에 있는 절로서 약사사(薬師寺)이다.

이 절에서는, 수년 전부터 아무도 없는데 본당에서 종을 치는 소리와 목어의 소리가 날뿐만 아니라, 본당의 죽은 이의 영이 모습

을 보이는 일도 있었다.

이 절에서 일어나는 괴현상은, 이런 일만은 아니었다.

신도의 한사람이 본존(本尊)인 약사여래에게 바치려고 가져온 한되짜리 술 한 병이 마개도 따지 않았는데 몇 분만에 빈병이 되고 마는 일이 종종 있었다.

술을 바치고 주지스님께서 예불을 올렸더니 여래님 말씀으로 '술을 마셨다'고 말씀하셨다고 합니다. 그래서 병을 보니, 비워 있어서 정말 깜짝 놀랐습니다.

신도는 어깨를 움추리며 말해 주었다.

이 절은 해발 700미터 정도의 산중에 있어서 기괴한 일이 매일처럼 일어나고 있다고 한다.

이곳의 주지스님 또한 영시(靈視), 염사(念寫)의 능력이 있어서, 지금까지 많은 염사를 하고 있었다.

주지스님은 무엇인가를 느꼈을 때 포라로이드 카메라로 염사를 하고 있으나, 교통사고로 죽은 사나이의 모습이나, 죽은 사람이 저승에 가지 못한 얼굴 따위 등 매우 뛰어난 염사를 하고 있다.

주지스님은 또한 길을 걷거나, 자동차로 달리고 있어도, 뭔가를 강렬히 느끼는 수가 있다고 한다.

댐 공사현장을 지나갔을 때에도, 순간 깜박하고 트란스 상태가 되는 일이 있었다. 그것이 재차 일어나므로 조사하여 보니, 댐 공사 때 발굴된 인골(人骨)이 공양(供養)도 되지 않은 채 공민관에 전시되어 있다는 걸 알았다.

"재앙이 내린다."

주지스님은 생각했다고 한다. 그리고 생각한 대로의 일이 일어났다고 한다. 그것은 댐 공사 현장이 있었던 지구에서 당선된 동장이 세 사람이나 급사를 한 일이었다.

주지스님은 인골을 공양할 것을 권했다. 그리고 그 일이 실현단계에 있었다. 세사람의 동장의 죽음이 인골과 정말로 관계가 있는지 어쩐지는 분명치 않으나, 주지스님의 영력(靈力)은 고장에서도 평판이 높다.

이 신비스러운 약사사로 가는 건, 교통편이 나쁘고 매우 힘들다.

국철 후꾸야마역에서 버스로 다이샤꾸교오로 향하고, 미와동에서 하차하는 게 좋다. 미와동에서 절까지는 걸어서 30분 정도이다.

3. 저주받은 하고채

註 : 모감주나무 열매에 새털을 끼운 것을 치고 받는 나무채

"꽥!"

스미꼬 앞에 갑자기 나타난 사람의 그림자. 그것은……

피를 온 몸에 받은 노인이 두 개의 나무채를 꼭 껴안고, 스미꼬를 보고 있는 것이었다. 자세히 보니 한쪽 팔이 어깨 부분에서 잘려졌고, 그곳에서 피가 콸콸 솟고 있었다.

"스미꼬야, 스미꼬, 언제까지 자고 있는 거냐?"

그때 심하게 꾸짖는 계모의 목소리가……

—아, 다행이다. 꿈이었군. 어쩜 그렇게 무서운, 새해 첫꿈이람—

"스미꼬, 뭘 멍청히 있는 거냐, 빨리 빨리 못해?

"예, 죄송합니다."

새해가 되어도 계모의 심한 태도는 변하지 않는다… 동생 하쓰에만 귀여워 하고, 죽은 진짜 어머니만 있어 준다면…

무서운 꿈을 꾼데다, 계모에게 심하게 야단 맞은 스미꼬는 어두운 기분으로 긴 복도 끝까지 왔을 때였다. 여늬 때는 쓰지 않는 방문이 열려 있는 걸 알고,

"어머, 이상하다……"

따악, 따악—

하고 하고채를 치는 듯한 소리가 난 것이다. 그 소리는 방 안 상자 속에서 들려오는 것 같았다.

이상하게 생각한 스미꼬가 그 상자를 열어 보니,

"어머 예쁜 하고채."

하지만, 이 하고채야말로, 오늘 아침, 꿈에서 본 하고채와 같은 게 아닌가! 피투성이가 되어 원망스러운 듯이 스미꼬를 본 꿈 속의 노인…. 그 꿈은, 무슨 일인지 일어날 조짐인 걸까?

하고채는 두개가 있고, 예쁜 공주님에게 뱀이 감겨 있는, 매우 아름다운 것과 또 하나는 송죽맥(松竹楳)의 그림이 있는 보통 것이었다.

"언니, 예쁜 하고채다. 이리 내놔, 그 쪽의 예쁜 것 말야."

하고채 둘을 들고 멀거니 있는 스미꼬를 본 하쓰에가 달려 왔다.

"하지만 이건 담겨있던 거야. 어머니께 여쭤보고 하자…"

"싫어, 싫어, 빨리 놀자!"

—그렇다, 그런 꿈 따위, 아무 것도 아닌 거야. 계모 한테 야단맞아서 마음이 언짢아진 거야. 이상하게 생각하지 말고 하고치기라도 하면 기분이 풀릴지도 몰라.—

이윽고, 스미꼬와 하쓰에는 하고치기를 시작했다. 10분쯤 지났을 때였다.

따악, 따악—.

두 사람의 하고치기 소리에 섞여서, 다른 소리가 난 것이다. 이곳은 넓은 뜰, 달리 아무도 하고치기 같은 것, 하고 있지 않은데……

따악, 따악,

"으악! 언니!"

예쁜 하고채를 갖고 있던 하쓰에가 갑자기 비명을 질렀다.

황급히 달려 온 스미꼬는, 똑똑히 보았던 것이다. 아! 이게 무슨 일일까? 하쓰에가 가지고 있는 하고채의 뱀이 날름날름 새빨간 혀를 내밀며 하쓰에의 손목에 휘감기려 하고 있는 게 아닌가!

"아앗! 하쓰에야!"

정신없이 하고채를 잡은 스미꼬는 힘껏 발치께에 내동댕이 쳤다. 내동댕이 쳐진 하고채는 조금도 깨지지 않고 뱀도 원래의 자리에 있는 게 아닌가!

무슨 일이 일어났는지 잘 모르고, 요란하게 우는 하쓰에. 그 우는 소리에 달려 온 계모는,

"아니 스미꼬야, 또 괴롭혔구나. 이 하고채는 네가 꺼냈니? 이런 좋은 하고채는 애들이 쓰는 게 아니다. 얌전히 넣어두었는데, 이런 뻔뻔스럽긴!"

"아네요 어머니…"

"잔 소리 말아. 하고채를 몰래 꺼내질 않나, 동생을 못살게 굴질 않나, 이리 와!"

스미꼬의 변명도 듣지 않고, 계모는 강제로 스미꼬를 조금 전의 빈 방에 집어넣고 말았다.

넓은 집의 구석에 있는 이 방은, 여러가지 상자가 쌓여있고 광처럼 되어 있었다. 곰팡이 냄새가 나고, 차고 습한 공기, 거미줄까지 쳐져있는 으시시한 방이었다.

—아, 어머니는 얘기를 들어주지도 않는다. 그 꿈, 그 하고채, 어떻게 하면 좋을까?

그때였다.

따악, 따악—.

저 하고를 치는 소리가 어데선지 모르게 들려 왔다.

—앗, 또 그 소리…….

엉겁결에 몸이 굳어지고, 사방을 둘러 본 스미꼬는 어둠 속에 노인이 서 있는 것을 보았다.

"으흐흐흐……"

오른쪽 어깨에서 철철 피를 흘린 노인이 왼손으로 스미꼬를 손짓으로 부르는 것이다. 왼 손도 피투성이로 길게 자란 손톱만이 은빛으로 빛나고 있다.

"이리 온, 이리 와!"

노인이 손짓 할 때마다, 스미꼬의 몸은 실에 끌려가듯이 질질 끌려 간다.

"앗, 그만 두세요. 할아버지 그만 두세요!"

아무리 외쳐도 소리가 나오지 않는다.

"으흐흐흐……"

노인은 무시무시하게 웃고 있다. 하고 치기 소리도 한층 더 커지고 방 안에 울려 퍼지고 있다.

"저 하고채는 내 손자의 것이다. 제발 돌려다오."

무서운 나머지 기절을 하고 쓰러진 스미꼬. 그 옆에 우뚝 선 외팔의 노인은 뜻밖에도 슬픔을 담은 목소리로 말하는 것이었다.

"난 하고채를 만드는 사람이었다. 헌데 일이 뜻대로 되지 않고 돈만 자꾸 들어가버려, 마침내 빚쟁이에게 다 된 하고채와 도구를 몽땅 빼앗기고 만 것이었다."

노인은 눈을 감았다. 눈 가에 한줄기 붉은 피가 흘렀다.

"빌린 돈 대신에 도구를 빼앗기는 일은 할 수 없는 일인지도 모르겠다. 하지만 단 하나만 빼앗겨서는 안되는 것이 있었다. 그것이 저 하고채인 것이다."

뱀이 휘감긴, 공주님 그림이 있는 하고채를 스미꼬는 생각했다.

"그 하고채가 완성되기를 내 손자는 손 꼽아 기다리고 있었다. 몸이 약해서 설날이 되어도 밖에 나가 하고치기를 한 일이 없던 손자였었다."

그 사랑스러운 손자를 위하여 노인은 정성껏 하고채를 만든 것이다.

"할아버지 하고채를……"

숨 쉬기조차 괴로워 한채 짧은 목숨을 끝막음한 손자를 본 순간부터 하고채를 되찾으려고 노인은 결심을 했던 것이다.

—그 애의 손에 들려주지 못했던 하고채를, 하다못해 무덤에라도 바쳐주고 싶다.—

그렇게 마음 속으로 맹세한 노인은 빚쟁이 집을 찾아가서, 하고채를 돌려 받으려고 했다.

"내 것을 돌려주시오."

길거리에서 빚쟁이와 말다툼을 하고 있을 때였다. 노인은 차에 치어 오른 팔을 잃고 말았다.

이젠 두번 다시 하고채를 만들 수 없을 뿐만 아니라, 그것이 원인이 되어 마침내 노인도 손자의 뒤를 따라 죽고 말았다.

그것이 지금 부터 40년이나 전의 일인데, 노인은 이렇게 지금도 하고채를 찾아 헤매고 있는 중이었다.

"그 하고채는 내 것이다. 마음이 못된 자가 쓰면 재앙을 내려줄 거다."

그렇게 말을 마치자, 노인은 소리도 없이 사라져 갔다. 어두운 방에서 하룻 밤을 지낸 스미꼬는, 다음 날 아침 겨우 그곳에서 나오게 되었다.

하지만, 부엌 설거지 같은 것을 하면서도 노인의 얼굴이 생각나서 견딜 수 없었다.

—저 할아버지는 하고채를 쓴 사람에게는 저주가 있다고 하였는데……

스미꼬가 무심히 마당 쪽을 보았을 때였다. 마당 구석에서 계모와 동생 하쓰에가 하고치기를 하고 있었다.

—앗, 저 하고채로!—

창문 너머로 보면서 스미꼬는 조바심이 나서 견딜 수 없었다.

—쓸데 없는 참견이라고 할지도 모른다. 지금 세상에 그런 저주라니, 계모가 신용해줄 턱도 없을 게고…….

두 사람은 즐거운 듯이 놀고 있었다.

"이번에야 말로 실수 없기다."

어머니가 격려해 주자, 고개를 끄덕이는 하쓰에의 손에는 저 뱀그림의 하고채가 쥐어져 있었다.

따악! 따악!

한동안 계속한 다음, 이번에는 계모가 뱀그림의 하고채를 잡았다. 그때, 또 이상한 하고치기의 소리가 어데선지 들려 왔다.

"앗, 어머니!"

갑자기 비명을 지른 하쓰에.

스미꼬는 본 것이다. 하고채의 뱀이 목을 들고 빨간 혀를 날름거리며 계모의 손목을 휘감아드는 게 아닌가.

스미꼬는 정신없이 밖으로 뛰어내려 계모가 갖고 있는 하고채를 내동댕이 치려고 했을 때였다.

"쓰, 쓸데 없는 짓 하는 게 아냐!"

노인의 목소리가 스미꼬의 귓속에서 들려 왔다. 그 순간 스미꼬는 멈칫 했으나, 계모의 고통스러워 하는 모습을 보자, 있는 힘을 다해 잡아챈 하고채를 땅바닥에 동댕이쳤다.

"고맙다, 스미꼬야. 그 때 살려주지 않았었다면, 어떻게 되었을런지…"

지금까지와는 판이하게 다른 태도로 계모는 말했다.

"무시무시한 하고채는 큰 길가의 골동품 가게에 팔아버렸다."

아무 일도 없었던 듯이 말하는 계모를 보고, 하고채의 저주에 관한 일은 아무에게도 말하지 않으려고 스미꼬는 마음속으로 결심했다.

—어머니, 당신의 마음이 나빴었다고, 그렇게 말할 필요는 없지—

일주일쯤 뒤에 심부름 갔다 돌아오는 길에 큰 길에 있는 골동품 가게 앞을 지나간 스미꼬는 가게를 들여다 보고 물어보았다.

"곧 팔렸어요. 훌륭한 하고채였으니까요. 아마 이웃 동네에 사는 아가씨가 사간 것 같은데……"

저 뱀 그림이 그려진 하고채는 지금은 이웃 동네의 소녀에게도 없다. 소녀의 손에서, 다른 이의 손으로, 노인의 저주에 쫓겨가듯이 팔려 가고 있는 것이다.

혹시나, 당신한테라도……

4. 오오자또의 석비(石碑)

"아얏!"

아버지가 비명을 질렀다. 장작을 패는 손도끼가 미끄러져서 왼쪽 발을 잘랐던 것이다.

"빨리, 의사를 불러와야지……"

당황하는 고로오 소년에게 아버지가 말했다.

"의사따위 필요 없다. 오오자또 고개에 가서 뱀님의 가루를 가져오너라."

오오자또 고개는 니이가다껭과 야마가다껭의 사이에 있었다.

고로오는 집을 뛰쳐나가자, 산마루를 향하여 달렸다. 고개 위에는 "오오자또대명신"의 석비가 있었다.

"이거다. 이거다"

고로오는 석비 아래 쪽에 붙어 있는 하얀 가루를 대나무칼로 긁어모아서, 서둘러 집으로 되돌아 왔다.

그것을 아버지의 상처에 바르자, 피가 곧 멎고 통증도 사라지고 며칠 뒤에는 큰 상처가 딱 붙었던 것이다.

"감사할 일이다. 뱀님의 하얀 가루 덕택이다."

아버지는 가족 모두와 오오자또 고개의 석비에 합장을 했다.

이 하얀 가루란, 도대체 무엇일까? 거기에는 다음과 같은 전설이 있다.

옛날 오오자또 고개에는 나쁜 큰 뱀이 살고 있어서 부근 마을을 망쳐놓았다. 그래서 마을 사람들은 지나가던 스님에게 뱀을 퇴치해

줄 것을 부탁했다.

스님은, 바위 위에 앉아서 비파를 타며 주문을 외웠다. 그러자 큰 뱀은 괴로운 듯이 몸부림을 치면서 어데론가 도망쳐버리고 말았다.

그날 밤, 스님은 마을에서 묵었는데 꿈 속에 아름다운 여자가 나타났다.

"저는 이 고개에서 살고 있는 흰 뱀입니다. 스님께서 나쁜 큰 뱀을 퇴치해 주셔서 살았습니다. 그 은혜를 갚게 해 주십시요."

뱀이 말한대로 스님은 오오자또 고개에 석비를 세웠다. 그 이후로 석비에 생기는 하얀 가루를 붙이면 상처가 낫게 되었다.

5. 엥쓰(丹通)사의 핏자국

아오모리껭 무쓰시 다나베는, 죽은 사람의 고향으로서 유명한 오소레산으로 가는 입구가 있는 동네이다.

이 다나베에는, 엥쓰사 라고 하는 절이 있다. 이 절은 오소레산의 본산이어서, 이곳의 주지스님이 오소레산의 주지를 겸하고 있었다.

"틀림없이 영이 부딪친 게 아닌가 하고 말들을 하고 있습니다."

엥쓰사에는 모두가 이상하게 여기는 벽이 있다. 그것은 본당과 위패를 안치시킨 곳과의 중간에 있는 구석진 방의 벽인데 아무리 칠을 해도, 뚜렷하게 핏자국이 나타나는 것이다.

이 방에 혼불이 날아 들어와서 벽에 부딪쳤다. 그런 뒤 사라졌다. 그러자 그 다음에 이 핏자국이 남았다.

주지스님은 흰 벽에 뚜렷하게 남아 있는 핏자국을 가리키며 설명해 주었다.

혼불이 날아 들어온 것은, 선대의 주지스님 때이고, 십 수년 전의 일이라고 한다. 그 혼불은 오소레산 쪽에서 날아 들어온 것으로 벽에 부딪쳐서 몇 가닥으로 흐려졌으나, 벽에는 그 흩어진 수효만큼 핏자국이 남아 있었다. 몇 차례나 벽을 다시 칠하곤 하였으나, 역시 핏자국은 완전히 사라지지 않았다.

혼불이 부딪쳐서, 핏자국이 남는다…

여러가지 영 현상을 많이 보고 있으나, 이것은 매우 희귀하고 별로 그 보기를 찾아 볼 수 없다. 이 엥쓰사에는 또 하나 이상한 현상이 가끔 일어나고 있었다.

다마 공원묘지에서 찍은 사진으로서 오른 쪽의 동그라미에 대해서는, 영체라는 판단은 하기 어렵다. 허나 왼쪽의 표시 안에는 분명히 영체가 찍혀 있고, 사람의 얼굴이라고 생각 된다. 꽤 오래된 영체로서, 연고가 없는 사자(死者)의 영이라고 보는 게 무난할 것이다.

그것은 본당 속에 있는 위패 안치소에서 일어났다.

덜거덕 덜거덕 덜거덕—.

수천이나 되는 위패중 하나만 갑자기 무시무시하게 진동을 하는 것이다. 말할 것도 없이 지진이 난 것도 사람이 걸어다닌다거나 인위적으로 흔들고 있는 것도 아닌데…….

뚝!

때로는 흔들리고 있던 위패는 큰 소리를 내고 바닥에 떨어지는 수도 있었다.

또한 이 위패가 흔들리는 현상이 일어난 뒤에, 반드시 죽는 사람이 생기는 것이다. 헌데, 흔들리거나 떨어지거나 한 위패는 그 죽은 사람과는 전혀 무관한 사람인 것이다.

엥쓰사의 이 위패 안치소는 한여름에도 썰렁한 으시시한 분위기를 지니고 있는 것이다.

(4권에서 계속)

저자 약력

서울에서 출생하여 서울대 문리대 국문과를 졸업. 1951년 경향신문 신춘문예에 「聖火」가 당선되어 문단에 데뷔. 그후 일본에 진출하여 「심령치료」「심령진단」「심령문답」등을 저술하여 일본의 심령과학 전문 출판사인 대륙서방에서 간행하여 큰 호응을 얻었으며, 다년간 심령학을 연구함. 그후 「업」「업장소멸」, 「영혼과 전생이야기」「인과응보」「초능력과 영능력개발법」「최후의 해탈자」「사후의 세계」「심령의 세계」등 심령과학시리즈 20여종 저술(서음미디어 간행)

증보판 발행 : 2011년 5월 10일
발행처 : 서음출판사(미디어)
등 록 : No 7－0851호
서울시 동대문구 신설동 94－60
Tel (02) 2253－5292
Fax (02) 2253－5295

저 자 | 안 동 민
발행인 | 이 관 희
본문편집 | 은종기획
표지 일러스트
Juya printing & Design
홈페이지 www.seoeumbook.com